Sigmund Freud

Über Psychoanalyse

Verlag
der
Wissenschaften

Sigmund Freud

Über Psychoanalyse

ISBN/EAN: 9783957003775

Auflage: 1

Erscheinungsjahr: 2015

Erscheinungsort: Norderstedt, Deutschland

Hergestellt in Europa, USA, Kanada, Australien, Japan
Verlag der Wissenschaften in Hansebooks GmbH, Norderstedt

ÜBER

PSYCHOANALYSE

FÜNF VORLESUNGEN

GEHALTEN ZUR 20JÄHRIGEN GRÜNDUNGSFEIER

DER

CLARK UNIVERSITY IN WORCESTER MASS.

SEPTEMBER 1909

VON

PROF. DR. SIGM. FREUD LL. D.

ACHTE, UNVERÄNDERTE AUFLAGE

LEIPZIG UND WIEN

FRANZ DEUTICKE

1930.

ÜBER

PSYCHOANALYSE

FÜNF VORLESUNGEN

GEHALTEN ZUR 20JÄHRIGEN GRÜNDUNGSFEIER
DER
CLARK UNIVERSITY IN WORCESTER MASS.
SEPTEMBER 1909

VON

PROF. DR. SIGM. FREUD LL. D.

ACHTE, UNVERÄNDERTE AUFLAGE

LEIPZIG UND WIEN
FRANZ DEUTICKE
1930.

Herrn

G. Stanley Hall, Ph. D., LL. D.

Präsidenten der Clark University,
Professor der Psychologie und Pädagogik

in Dankbarkeit

zugeeignet.

I.

Meine Damen und Herren! Es ist mir ein neuartiges und verwirrendes Gefühl, als Vortragender vor Wißbegierigen der Neuen Welt zu stehen. Jch nehme an, daß ich diese Ehre nur der Verknüpfung meines Namens mit dem Thema der Psychoanalyse verdanke, und beabsichtige daher, Ihnen von Psychoanalyse zu sprechen. Ich will es versuchen, Ihnen in gedrängtester Kürze einen Überblick über die Geschichte der Entstehung und weiteren Fortbildung dieser neuen Untersuchungs- und Heilmethode zu geben.

Wenn es ein Verdienst ist, die Psychoanalyse ins Leben gerufen zu haben, so ist es nicht mein Verdienst. Ich bin an den ersten Anfängen derselben nicht beteiligt gewesen. Ich war Student und mit der Ablegung meiner letzten Prüfungen beschäftigt, als ein anderer Wiener Arzt, Dr. Josef Breuer,[1]) dieses Verfahren zuerst an einem hysterisch erkrankten Mädchen anwendete (1880—1882). Mit dieser Kranken- und Behandlungsgeschichte wollen wir uns nun zunächst beschäftigen. Sie finden dieselbe ausführlich dargestellt in den später von Breuer und mir veröffentlichten „Studien über Hysterie".[2])

---

[1]) Dr. Josef Breuer, geb. 1842, korrespondierendes Mitglied der k. Akademie der Wissenschaften, bekannt durch Arbeiten über die Atmung und zur Physiologie des Gleichgewichtssinnes.

[2]) Studien über Hysterie. 1895. Fr. Deuticke, Wien, 4. Aufl., 1922. Stücke meines Anteils an diesem Buche sind von Dr. A. A. Brill in

Vorher nur noch eine Bemerkung. Ich habe nicht ohne Befriedigung erfahren, daß die Mehrzahl meiner Zuhörer nicht dem ärztlichen Stande angehört. Besorgen Sie nun nicht, daß es besonderer ärztlicher Vorbildung bedarf, um meinen Mitteilungen zu folgen. Wir werden allerdings ein Stück weit mit den Ärzten gehen, aber bald werden wir uns absondern und Dr. Breuer auf einen ganz eigenartigen Weg begleiten.

Dr. Breuers Patientin, ein 21jähriges, geistig hochbegabtes Mädchen, entwickelte im Verlaufe ihrer über zwei Jahre ausgedehnten Krankheit eine Reihe von körperlichen und seelischen Störungen, die es wohl verdienten, ernst genommen zu werden. Sie hatte eine steife Lähmung der beiden rechtsseitigen Extremitäten mit Unempfindlichkeit derselben, zeitweise dieselbe Affektion an den Gliedern der linken Körperseite, Störungen der Augenbewegungen und mannigfache Beeinträchtigungen des Sehvermögens, Schwierigkeiten der Kopfhaltung, eine intensive Tussis nervosa, Ekel vor Nahrungsaufnahme und einmal durch mehrere Wochen eine Unfähigkeit zu trinken trotz quälenden Durstes, eine Herabsetzung des Sprachvermögens, die bis zum Verlust der Fähigkeit fortschritt, ihre Muttersprache zu sprechen oder zu verstehen, endlich Zustände von Abwesenheit, Verworrenheit, Delirien, Alteration ihrer ganzen Persönlichkeit, denen wir unsere Aufmerksamkeit später werden zuwenden müssen.

Wenn Sie von einem solchen Krankheitsbilde hören, so werden Sie, auch ohne Ärzte zu sein, der Annahme zuneigen, daß es sich um ein schweres Leiden, wahrscheinlich des Gehirns, handle, welches wenig Aussicht auf Herstellung biete und zur baldigen Auflösung der Kranken führen dürfte. Lassen Sie

New York ins Englische übertragen worden (Selected papers on Hysteria and other Psychoneuroses by S. Freud, Nr. 4 der „Nervous and Mental Disease Monograph Series", New York. Third enlarged edition 1920).

sich indes von den Ärzten belehren, daß für eine Reihe von Fällen mit so schweren Erscheinungen eine andere und weitaus günstigere Auffassung berechtigt ist. Wenn ein solches Krankheitsbild bei einem jugendlichen weiblichen Individuum auftritt, dessen lebenswichtige innere Organe (Herz, Niere) sich der objektiven Untersuchung normal erweisen, das aber heftige gemütliche Erschütterungen erfahren hat, und wenn die einzelnen Symptome in gewissen feineren Charakteren von der Erwartung abweichen, dann nehmen die Ärzte einen solchen Fall nicht zu schwer. Sie behaupten, daß dann nicht ein organisches Leiden des Gehirns vorliegt, sondern jener rätselhafte, seit den Zeiten der griechischen Medizin Hysterie benannte Zustand, der eine ganze Anzahl von Bildern ernster Erkrankung vorzutäuschen vermöge. Sie halten dann das Leben für nicht bedroht und eine selbst vollkommene Herstellung der Gesundheit für wahrscheinlich. Die Unterscheidung einer solchen Hysterie von einem schweren organischen Leiden ist nicht immer sehr leicht. Wir brauchen aber nicht zu wissen, wie eine Differentialdiagnose dieser Art gemacht wird; uns mag die Versicherung genügen, daß gerade der Fall von Breuers Patientin ein solcher ist, bei dem kein kundiger Arzt die Diagnose der Hysterie verfehlen wird. Wir können auch an dieser Stelle aus dem Krankheitsbericht nachtragen, daß ihre Erkrankung auftrat, während sie ihren zärtlich geliebten Vater in seiner schweren, zum Tode führenden Krankheit pflegte, und daß sie infolge ihrer eigenen Erkrankung von der Pflege zurücktreten mußte.

Soweit hat es uns Vorteil gebracht, mit den Ärzten zu gehen, und nun werden wir uns bald von ihnen trennen. Sie dürfen nämlich nicht erwarten, daß die Aussicht eines Kranken auf ärztliche Hilfeleistung dadurch wesentlich gesteigert wird, daß die Diagnose der Hysterie an die Stelle des Urteils auf ernste organische Hirnaffektion tritt. Gegen die schweren Erkrankungen des Gehirns ist die ärztliche Kunst in den meisten Fällen ohnmächtig, aber auch gegen die hysterische Affektion weiß der Arzt nichts zu tun. Er muß es der gütigen Natur überlassen, wann und wie sie seine hoffnungsvolle Prognose verwirklichen will.[1])

Mit der Erkennung der Hysterie wird also für den Kranken wenig geändert; desto mehr ändert sich für den Arzt. Wir können beobachten, daß er sich gegen den hysterischen ganz anders einstellt als gegen den organisch Kranken. Er will dem ersteren nicht dieselbe Teilnahme entgegenbringen wie dem letzteren, da sein Leiden weit weniger ernsthaft ist und doch den Anspruch zu erheben scheint, für ebenso ernsthaft zu gelten. Aber es wirkt noch anderes mit. Der Arzt, der durch sein Studium so vieles kennen gelernt hat, was dem Laien verschlossen ist, hat sich von den Krankheitsursachen und Krankheitsveränderungen, z. B. im Gehirn eines an Apoplexie oder Neubildung Leidenden, Vorstellungen bilden können, die bis zu einem gewissen Grade zutreffend sein müssen, da sie ihm das Verständnis der Einzelheiten des Krankheitsbildes gestatten. Vor den Details der hysterischen Phänomene läßt ihn aber all sein Wissen, seine anatomisch-physiologische und pathologische Vorbildung im Stiche. Er kann die Hysterie nicht verstehen, er steht ihr selbst wie ein Laie gegenüber. Und das ist nun niemandem recht, der sonst auf sein Wissen so große Stücke hält. Die Hysterischen

---

[1]) Ich weiß, daß diese Behauptung heute nicht mehr zutrifft, aber im Vortrage versetze ich mich und meine Hörer zurück in die Zeit vor 1880. Wenn es seither anders geworden ist, so haben gerade die Bemühungen, deren Geschichte ich skizziere, daran einen großen Anteil.

gehen also seiner Sympathie verlustig; er betrachtet sie wie Personen, welche die Gesetze seiner Wissenschaft übertreten, wie die Rechtgläubigen die Ketzer ansehen; er traut ihnen alles mögliche Böse zu, beschuldigt sie der Übertreibung und der absichtlichen Täuschung, Simulation; und er bestraft sie durch die Entziehung seines Interesses.

Diesen Vorwurf hat nun Dr. Breuer bei seiner Patientin nicht verdient; er schenkte ihr Sympathie und Interesse, obwohl er ihr anfangs nicht zu helfen verstand. Wahrscheinlich erleichterte sie es ihm auch durch die vorzüglichen Geistes- und Charaktereigenschaften, für die er in der von ihm abgefaßten Krankengeschichte Zeugnis ablegt. Seine liebevolle Beobachtung fand auch bald den Weg, der die erste Hilfeleistung ermöglichte.

Es war bemerkt worden, daß die Kranke in ihren Zuständen von Absenz, psychischer Alteration mit Verworrenheit, einige Worte vor sich hin zu murmeln pflegte, welche den Eindruck machten, als stammten sie aus einem Zusammenhange, der ihr Denken beschäftigte. Der Arzt, der sich diese Worte berichten ließ, versetzte sie nun in eine Art von Hypnose und sagte ihr jedesmal diese Worte wieder vor, um sie zu veranlassen, daß sie an dieselben anknüpfe. Die Kranke ging darauf ein und reproduzierte so vor dem Arzt die psychischen Schöpfungen, die sie während der Absenzen beherrscht und sich in jenen vereinzelt geäußerten Worten verraten hatten. Es waren tieftraurige, oft poetisch schöne Phantasien, — Tagträume würden wir sagen — die gewöhnlich die Situation eines Mädchens am Krankenbett seines Vaters zum Ausgangspunkt nahmen. Hatte sie eine Anzahl solcher Phantasien erzählt, so war sie wie befreit und ins normale seelische Leben zurückgeführt. Das Wohlbefinden, das durch mehrere Stunden anhielt, wich dann am nächsten Tage einer neuerlichen Absenz, welche auf dieselbe Weise durch Aussprechen der neu gebildeten Phantasien aufgehoben wurde. Man konnte sich dem Eindrucke nicht entziehen, daß die psychische Veränderung, die sich in den Absenzen äußerte, eine Folge des Reizes sei, der von diesen höchst affektvollen Phantasiebildungen ausging. Die Patientin selbst, die um diese Zeit ihres Krankseins merkwürdigerweise nur Englisch sprach und verstand, gab dieser neuartigen Behandlung den Namen „talking cure" oder bezeichnete sie scherzhaft als „chimney sweeping".

Es ergab sich bald wie zufällig, daß man durch solches Reinfegen der Seele noch mehr erreichen könne als vorübergehende Beseitigung der immer wiederkehrenden seelischen Trübungen. Es ließen sich auch Leidenssymptome zum Verschwinden bringen, wenn in der Hypnose unter Affektäußerung erinnert wurde, bei welchem Anlaß und kraft welches Zusammenhanges diese Symptome zuerst aufgetreten waren. „Es war im Sommer eine Zeit intensiver Hitze gewesen und Patientin hatte sehr arg durch Durst gelitten; denn, ohne einen Grund angeben zu können, war ihr plötzlich unmöglich geworden, zu trinken. Sie nahm das ersehnte Glas Wasser in die Hand, aber sowie es die Lippen berührte, stieß sie es weg wie ein Hydrophobischer. Dabei war sie offenbar für diese paar Sekunden in einer Absenz. Sie lebte nur von Obst, Melonen u. dgl., um den qualvollen Durst zu mildern. Als das etwa sechs Wochen gedauert hatte, räsonierte sie einmal in der Hypnose über ihre englische Gesellschafterin, die sie nicht liebte, und erzählte dann mit allen Zeichen des Abscheus, wie sie auf deren Zimmer gekommen sei, und da deren kleiner Hund, das ekelhafte Tier, aus einem Glas getrunken habe. Sie habe nichts gesagt, denn sie wollte höflich sein. Nachdem sie ihrem steckengebliebenen Ärger noch energisch Ausdruck gegeben, verlangte sie zu trinken, trank ohne Hemmung eine große Menge Wasser und erwachte aus der Hypnose mit dem Glas an den Lippen. Die Störung war damit für immer verschwunden."[1])

Gestatten Sie, daß ich Sie bei dieser Erfahrung einen Moment aufhalte! Niemand hatte noch ein hysterisches Symptom durch solche Mittel beseitigt und war dabei so tief in das Verständnis seiner Verursachung eingedrungen. Es mußte eine folgenschwere Entdeckung werden, wenn sich die Erwartung bestätigen ließ, daß noch andere, daß vielleicht die Mehrzahl der Symptome bei der Kranken auf solche Weise entstanden und auf solche Weise aufzuheben war. Breuer scheute die Mühe nicht, sich davon zu überzeugen, und forschte nun planmäßig der Pathogenese der anderen und ernsteren Leidenssymptome nach. Es war wirklich so; fast alle Symptome waren so entstanden als Reste, als Niederschläge, wenn Sie wollen, von affektvollen Erlebnissen, die wir darum später „psychische Traumen" genannt haben, und ihre Besonderheit klärte sich durch die Beziehung zu der sie verursachenden traumatischen Szene auf. Sie waren, wie das Kunstwort lautet, durch die Szenen, deren Gedächtnisreste sie darstellten, determiniert, brauchten nicht mehr als willkürliche oder rätselhafte Leistungen der Neurose beschrieben zu werden. Nur einer Abweichung von der Erwartung sei gedacht. Es war nicht immer ein einziges Erlebnis, welches das Symptom zurückließ, sondern meist waren zahlreiche, oft sehr viele ähnliche, wiederholte Traumen zu dieser Wirkung zusammengetreten. Diese ganze Kette von pathogenen Erinnerungen mußte dann in chronologischer Reihenfolge reproduziert werden, und zwar

[1]) Studien über Hysterie, 4. Aufl., p. 26.

umgekehrt, die letzte zuerst und die erste zuletzt, und es war ganz unmöglich, zum ersten und oft wirksamsten Trauma mit Überspringung der später erfolgten vorzudringen.

Sie werden nun gewiß noch andere Beispiele von Verursachung hysterischer Symptome als das der Wasserscheu durch den Ekel vor dem aus dem Glase trinkenden Hund von mir hören wollen. Ich muß mich aber, wenn ich mein Programm einhalten will, auf sehr wenige Proben beschränken. So erzählt Breuer, daß ihre Sehstörungen sich auf Anlässe zurückführten „in der Art, daß Patientin mit Tränen im Auge, am Krankenbett sitzend, plötzlich vom Vater gefragt wurde, wieviel Uhr es sei, undeutlich sah, sich anstrengte, die Uhr nahe ans Auge brachte und nun das Zifferblatt sehr groß erschien (Makropsie und Strabismus conv.); oder Anstrengungen machte, die Tränen zu unterdrücken, damit sie der Kranke nicht sehe".[1]) Alle pathogenen Eindrücke stammten übrigens aus der Zeit, da sie sich an der Pflege des erkrankten Vaters beteiligte. „Einmal wachte sie nachts in großer Angst um den hochfiebernden Kranken und in Spannung, weil von Wien ein Chirurg zur Operation erwartet wurde. Die Mutter hatte sich für einige Zeit entfernt, und Anna saß am Krankenbette, den rechten Arm über die Stuhllehne gelegt. Sie geriet in einen Zustand von Wachträumen und sah, wie von der Wand her eine schwarze Schlange sich dem Kranken näherte, um ihn zu beißen. (Es ist sehr wahrscheinlich, daß auf der Wiese hinter dem Hause wirklich einige Schlangen vorkamen, über die das Mädchen schon früher erschrocken war, und die nun das Material der Halluzination abgaben.) Sie wollte das Tier abwehren, war aber wie gelähmt; der rechte Arm, über die Stuhllehne hängend, war ‚eingeschlafen', anästhetisch und pa-

[1]) Studien über Hysterie, 4. Aufl., p. 31.

retisch geworden, und als sie ihn betrachtete, verwandelten sich die Finger in kleine Schlangen mit Totenköpfen (Nägel). Wahrscheinlich machte sie Versuche, die Schlange mit der gelähmten rechten Hand zu verjagen, und dadurch trat die Anästhesie und Lähmung derselben in Assoziation mit der Schlangenhalluzination. Als diese verschwunden war, wollte sie in ihrer Angst beten, aber jede Sprache versagte, sie konnte in keiner sprechen, bis sie endlich einen englischen Kindervers fand und nun auch in dieser Sprache fortdenken und beten konnte."[1]) Mit der Erinnerung dieser Szene in der Hypnose war auch die seit Beginn der Krankheit bestehende steife Lähmung des rechten Armes beseitigt und die Behandlung beendigt.

Als ich eine Anzahl von Jahren später die Breuersche Untersuchungs- und Behandlungsmethode an meinen eigenen Kranken zu üben begann, machte ich Erfahrungen, die sich mit den seinigen vollkommen deckten. Bei einer etwa 40jährigen Dame bestand ein Tic, ein eigentümlich schnalzendes Geräusch, das sie bei jeder Aufregung und auch ohne ersichtlichen Anlaß hervorbrachte. Es hatte seinen Ursprung in zwei Erlebnissen, denen gemeinsam war, daß sie sich vornahm, jetzt ja keinen Lärm zu machen, und bei denen wie durch eine Art von Gegenwillen gerade dieses Geräusch die Stille durchbrach; das eine Mal, als sie ihr krankes Kind endlich mühselig eingeschläfert hatte und sich sagte, sie müsse jetzt ganz still sein, um es nicht zu wecken, und das andere Mal, als während einer Wagenfahrt mit ihren beiden Kindern im Gewitter die Pferde scheu wurden, und sie sorgfältig jeden Lärm vermeiden wollte, um die Tiere nicht noch mehr zu schrecken.[2]) Ich gebe dieses

[1]) l. c. p. 30.

[2]) l. c. 4. Aufl., p. 43 u. 46.

Beispiel anstatt vieler anderer, die in den „Studien über Hysterie“ niedergelegt sind.[1])

Meine Damen und Herren, wenn Sie mir die Verallgemeinerung gestatten, die ja bei so abgekürzter Darstellung unvermeidlich ist, so können wir unsere bisherige Erkenntnis in die Formel fassen: Unsere hysterisch Kranken leiden an Reminiszenzen. Ihre Symptome sind Reste und Erinnerungssymbole für gewisse (traumatische) Erlebnisse. Ein Vergleich mit anderen Erinnerungssymbolen auf anderen Gebieten wird uns vielleicht tiefer in das Verständnis dieser Symbolik führen. Auch die Denkmäler und Monumente, mit denen wir unsere großen Städte zieren, sind solche Erinnerungssymbole. Wenn Sie einen Spaziergang durch London machen, so finden Sie vor einem der größten Bahnhöfe der Stadt eine reichverzierte gotische Säule, das Charing Cross Einer der alten Plantagenetkönige im XIII. Jahrhundert, der den Leichnam seiner geliebten Königin Eleanor nach Westminster überführen ließ, errichtete gotische Kreuze an jeder der Stationen, wo der Sarg niedergestellt wurde, und Charing Cross ist das letzte der Denkmäler, welche die Erinnerung an diesen Trauerzug erhalten sollten.[2]) An einer anderen Stelle der Stadt, nicht weit von London Bridge, erblicken Sie eine modernere hochragende Säule, die kurzweg „The Monument“ genannt wird. Sie soll zur Erinnerung an das große Feuer mahnen, welches

---

[1]) Eine Auswahl aus diesem Buche, vermehrt durch einige spätere Abhandlungen über Hysterie, liegt gegenwärtig in einer englischen, von Dr. A. A. Brill in New York besorgten Übersetzung vor.

[2]) Vielmehr die spätere Nachbildung eines solchen Denkmals. Der Name Charing selbst soll, wie mir Dr. E. Jones mitteilte, aus den Worten Chère reine hervorgegangen sein.

im Jahre 1666 dort in der Nähe ausbrach und einen großen Teil der Stadt zerstörte. Diese Monumente sind also Erinnerungssymbole, wie die hysterischen Symptome; soweit scheint die Vergleichung berechtigt. Aber was würden Sie zu einem Londoner sagen, der heute noch vor dem Denkmal des Leichenzuges der Königin Eleanor in Wehmut stehen bliebe, anstatt mit der von den modernen Arbeitsverhältnissen geforderten Eile seinen Geschäften nachzugehen oder sich der eigenen jugendfrischen Königin seines Herzens zu erfreuen? Oder zu einem anderen, der vor dem „Monument" die Einäscherung seiner geliebten Vaterstadt beweinte, die doch seither längst soviel glänzender wiedererstanden ist? So wie diese beiden unpraktischen Londoner benehmen sich aber die Hysterischen und Neurotiker alle; nicht nur, daß sie die längst vergangenen schmerzlichen Erlebnisse erinnern, sie hängen noch affektvoll an ihnen, sie kommen von der Vergangenheit nicht los und vernachlässigen für sie die Wirklichkeit und die Gegenwart. Diese Fixierung des Seelenlebens an die pathogenen Traumen ist einer der wichtigsten und praktisch bedeutsamsten Charaktere der Neurose.

Ich gebe Ihnen gern den Einwand zu, den Sie jetzt wahrscheinlich bilden, indem Sie an die Krankengeschichte der Breuerschen Patientin denken. Alle ihre Traumen entstammten ja der Zeit, da sie den kranken Vater pflegte, und ihre Symptome können nur als Erinnerungszeichen für seine Krankheit und seinen Tod aufgefaßt werden. Sie entsprechen also einer Trauer, und eine Fixierung an das Andenken des Verstorbenen ist so kurze Zeit nach dem Ableben desselben gewiß nichts Pathologisches, entspricht vielmehr einem normalen Gefühlsvorgang. Ich gestehe Ihnen dieses zu; die Fixierung an die Traumen ist bei der Patientin Breuers nichts Auffälliges. Aber in anderen Fällen, wie in dem von mir behandelten Tic, dessen Veranlassungen um mehr als fünfzehn und zehn Jahre zurücklagen, ist der Charakter des abnormen Haftens am Vergangenen sehr deutlich, und die Patientin Breuers hätte ihn wahrscheinlich gleichfalls entwickelt, wenn sie nicht so kurze Zeit nach dem Erleben der Traumen und der Entstehung der Symptome zur kathartischen Behandlung gekommen wäre.

Wir haben bisher nur die Beziehung der hysterischen Symptome zur Lebensgeschichte der Kranken erörtert; aus zwei weiteren Momenten der Breuerschen Beobachtung können wir aber auch einen Hinweis darauf gewinnen, wie wir den Vorgang der Erkrankung und der Wiederherstellung aufzufassen haben. Fürs erste ist hervorzuheben, daß die Kranke Breuers fast in allen pathogenen Situationen eine starke Erregung zu unterdrücken hatte, anstatt ihr durch die entsprechenden Affektzeichen, Worte und Handlungen, Ablauf zu ermöglichen. In dem kleinen Erlebnis mit dem Hund ihrer Gesellschafterin unterdrückte sie aus Rücksicht auf diese jede Äußerung ihres sehr intensiven Ekels; während sie am Bette des Vaters wachte, trug sie beständig Sorge, den Kranken nichts von ihrer Angst und ihrer schmerzlichen Verstimmung merken zu lassen. Als sie später diese selben Szenen vor ihrem Arzt reproduzierte, trat der damals gehemmte Affekt mit besonderer Heftigkeit, als ob er sich solange aufgespart hätte, auf. Ja, das Symptom, welches von dieser Szene erübrigt war, gewann seine höchste Intensität, während man sich seiner Verursachung näherte, um nach der völligen Erledigung derselben zu verschwinden. Anderseits konnte man die Erfahrung machen, daß das Erinnern der Szene beim Arzte wirkungslos blieb, wenn es aus irgend einem Grunde einmal ohne Affektentwicklung ablief. Die Schicksale dieser Affekte, die man sich als verschiebbare Größen vorstellen konnte, waren also das Maßgebende für die Erkrankung wie für die Wiederherstellung. Man sah sich zur Annahme gedrängt, daß die Erkrankung darum zu stande kam, weil den in den pathogenen Situationen entwickelten Affekten ein normaler Ausweg versperrt war, und daß das Wesen der Erkrankung darin bestand, daß nun diese „eingeklemmten" Affekte einer abnormen Verwendung unterlagen. Zum Teil blieben sie als dauernde Belastungen des Seelenlebens und Quellen beständiger Erregung für dasselbe bestehen: zum Teil erfuhren sie eine Umsetzung in ungewöhnliche körperliche Innervationen und Hemmungen, die sich als die körperlichen Symptome des Falles darstellten. Wir haben für diesen letzteren Vorgang den Namen der „hysterischen Konversion" geprägt. Ein gewisser Anteil unserer seelischen Erregung wird ohnedies normalerweise auf die Wege der körperlichen Innervation geleitet und ergibt das, was wir als „Ausdruck der Gemütsbewegungen" kennen. Die hysterische Konversion übertreibt nun diesen Anteil des Ablaufs eines mit Affekt besetzten seelischen Vorganges; sie entspricht einem weit intensiveren, auf neue Bahnen geleiteten Ausdruck der Gemütsbewegung. Wenn ein Strombett in zwei Kanälen fließt, so wird eine Überfüllung des einen stattfinden, sobald die Strömung in dem anderen auf ein Hindernis stößt.

Sie sehen, wir sind im Begriffe, zu einer rein psychologischen Theorie der Hysterie zu gelangen, in welcher wir den Affektvorgängen den ersten Rang anweisen. Eine zweite Beobachtung Breuers nötigt uns nun, in der Charakteristik des krankhaften Geschehens den Bewußtseinszuständen eine große Bedeutung einzuräumen. Die Kranke Breuers zeigte mannigfaltige seelische Verfassungen, Zustände von Abwesenheit, Verworrenheit und Charakterveränderung neben ihrem Normalzustand. Im Normalzustand wußte sie nun nichts von jenen pathogenen Szenen und von deren Zusammenhang mit ihren Symptomen; sie hatte diese Szenen vergessen oder jedenfalls den pathogenen Zusammenhang zerrissen. Wenn man sie in die Hypnose versetzte, gelang es nach Aufwendung beträchtlicher Arbeit, ihr diese Szenen ins Gedächtnis zurückzurufen, und durch diese Arbeit des Wiedererinnerns wurden die Symptome aufgehoben. Man wäre in großer Verlegenheit, wie man diese Tatsache deuten sollte, wenn nicht die Erfahrungen und Experimente des Hypnotismus den Weg dazu gewiesen hätten. Durch das Studium der hypnotischen Phänomene hat man sich an die anfangs befremdliche Auffassung gewöhnt, daß in einem und demselben Individuum mehrere seelische Gruppierungen möglich sind, die ziemlich unabhängig von einander bleiben können, von einander „nichts wissen", und die das Bewußtsein alternierend an sich reißen. Fälle solcher Art, die man als „Double conscience" bezeichnet, kommen gelegentlich auch spontan zur Beobachtung. Wenn bei solcher Spaltung der Persönlichkeit das Bewußtsein konstant an den einen der beiden Zustände gebunden bleibt, so heißt man diesen den bewußten Seelenzustand, den von ihm abgetrennten den unbewußten. In den bekannten Phänomenen der sogenannten posthypnotischen Suggestion, wobei ein in der Hypnose gegebener Auftrag sich später im Normalzustand gebieterisch durchsetzt, hat man ein vorzügliches Vorbild für die Beeinflussungen, die der bewußte Zustand durch den für ihn unbewußten erfahren kann, und nach diesem Muster gelingt es allerdings, sich die Erfahrungen bei der Hysterie zurechtzulegen. Breuer entschloß sich zur Annahme, daß die hysterischen Symptome in solchen besonderen seelischen Zuständen, die er hypnoide nannte, entstanden seien. Erregungen, die in solche hypnoide Zustände hineingeraten, werden leicht pathogen, weil diese Zustände nicht die Bedingungen für einen normalen Ablauf der Erregungsvorgänge bieten. Es entsteht also aus dem Erregungsvorgang ein ungewöhnliches Produkt, eben das Symptom, und dieses ragt wie ein Fremdkörper in den Normalzustand hinein, dem dafür die Kenntnis der hypnoiden pathogenen Situation abgeht. Wo ein Symptom besteht, da findet sich auch eine Amnesie, eine Erinnerungslücke, und die Ausfüllung dieser Lücke schließt die Aufhebung der Entstehungsbedingungen des Symptoms in sich ein.

Ich fürchte, daß Ihnen dieses Stück meiner Darstellung nicht sehr durchsichtig erschienen ist. Aber haben Sie Nachsicht, es handelt sich um neue und schwierige Anschauungen, die vielleicht nicht viel klarer gemacht werden können; ein Beweis dafür, daß wir mit unserer Erkenntnis noch nicht sehr weit vorgedrungen sind. Die Breuersche Aufstellung der hypnoiden Zustände hat sich übrigens als hemmend und überflüssig erwiesen und ist von der heutigen Psychoanalyse fallen gelassen worden. Sie werden später wenigstens andeutungsweise hören, welche Einflüsse und Vorgänge hinter der von Breuer aufgestellten Schranke der hypnoiden Zustände zu entdecken waren. Sie werden auch mit Recht den Eindruck empfangen haben, daß die Breuersche Forschung Ihnen nur eine sehr unvollständige Theorie und unbefriedigende Aufklärung der beobachteten Erscheinungen geben konnte, aber vollkommene Theorien fallen nicht vom Himmel, und Sie werden mit noch größerem Recht mißtrauisch sein, wenn Ihnen jemand eine lückenlose und abgerundete Theorie bereits zu Anfang seiner Beobachtungen anbietet. Eine solche wird gewiß nur das Kind seiner Spekulation sein können und nicht die Frucht voraussetzungsloser Erforschung des Tatsächlichen.

II.

Meine Damen und Herren! Etwa gleichzeitig, während Breuer mit seiner Patientin die „Talking cure" übte, hatte Meister Charcot in Paris jene Untersuchungen über die Hysterischen der Salpêtrière begonnen, von denen ein neues Verständnis der Krankheit ausgehen sollte. Diese Resultate konnten damals in Wien noch nicht bekannt sein. Als aber etwa ein Dezennium später Breuer und ich die vorläufige Mitteilung über den psychischen Mechanismus hysterischer Phänomene veröffentlichten, welche an die kathartische Behandlung bei Breuers erster Patientin anknüpfte, da befanden wir uns ganz im Banne der Charcotschen Forschungen. Wir stellten die pathogenen Erlebnisse unserer Kranken als psychische Traumen jenen körperlichen Traumen gleich, deren Einfluß auf hysterische Lähmungen Charcot festgestellt hatte, und Breuers Aufstellung der hypnoiden Zustände ist selbst nichts anderes als ein Reflex der Tatsache, daß Charcot jene traumatischen Lähmungen in der Hypnose künstlich reproduziert hatte.

Der große französische Beobachter, dessen Schüler ich 1885/86 wurde, war selbst psychologischen Auffassungen nicht geneigt; erst sein Schüler P. Janet versuchte ein tieferes Eindringen in die besonderen psychischen Vorgänge bei der Hysterie, und wir folgten seinem Beispiele, als wir die seelische Spaltung und den Zerfall der Persönlichkeit in das Zentrum unserer Auffassung rückten. Sie finden bei Janet eine Theorie der Hysterie, welche den in Frankreich herrschenden Lehren über die Rolle der Erblichkeit und der Degeneration Rechnung trägt. Die Hysterie ist nach ihm eine Form der degenerativen Veränderung des Nervensystems, welche sich durch eine angeborene Schwäche der psychischen Synthese kundgibt. Die hysterisch Kranken seien von Anfang an unfähig, die Mannigfaltigkeit der seelischen Vorgänge zu einer Einheit zusammenzuhalten, und daher komme die Neigung zur seelischen Dissoziation. Wenn Sie mir ein banales aber deutliches Gleichnis gestatten, Janets Hysterische erinnert an eine schwache Frau, die ausgegangen ist, um Einkäufe zu machen, und nun mit einer Menge von Schachteln und Paketen beladen zurückkommt. Sie kann den ganzen Haufen mit ihren zwei Armen und zehn Fingern nicht bewältigen, und so entfällt ihr zuerst ein Stück. Bückt sie sich, um dieses aufzuheben, so macht sich dafür ein anderes los u. s. w. Es stimmt nicht gut zu dieser angenommenen seelischen Schwäche der Hysterischen, daß man bei ihnen außer den Erscheinungen verminderter Leistung auch Beispiele von teilweiser Steigerung der Leistungsfähigkeit, wie zur Entschädigung, beobachten kann. Zur Zeit, als Breuers Patientin ihre Muttersprache und alle anderen Sprachen bis auf Englisch vergessen hatte, erreichte ihre Beherrschung des Englischen eine solche Höhe, daß sie im stande war, wenn man ihr ein deutsches Buch vorlegte, eine tadellose und fließende Übersetzung desselben vom Blatt herunterzulesen.

Als ich es später unternahm, die von Breuer begonnenen Untersuchungen auf eigene Faust fortzusetzen, gelangte ich bald zu einer anderen Ansicht über die Entstehung der hysterischen Dissoziation (Bewußtseinsspaltung). Eine solche, für alles weitere entscheidende, Divergenz mußte sich notwendigerweise ergeben, da ich nicht wie Janet von Laboratoriumsversuchen, sondern von therapeutischen Bemühungen ausging.

Mich trieb vor allem das praktische Bedürfnis. Die kathartische Behandlung, wie sie Breuer geübt hatte, setzte voraus, daß man den Kranken in tiefe Hypnose bringe, denn nur im hypnotischen Zustand fand er die Kenntnis jener pathogenen Zusammenhänge, die ihm in seinem Normalzustand abging. Nun war mir die Hypnose als ein launenhaftes und sozusagen mystisches Hilfsmittel bald unliebsam geworden; als ich aber die Erfahrung machte, daß es mir trotz aller Bemühungen nicht gelingen wollte, mehr als einen Bruchteil meiner Kranken in den hypnotischen Zustand zu versetzen, beschloß ich, die Hypnose aufzugeben und die kathartische Behandlung von ihr unabhängig zu machen. Weil ich den psychischen Zustand meiner meisten Patienten nicht nach meinem Belieben verändern konnte, richtete ich mich darauf ein, mit ihrem Normalzustand zu arbeiten. Das schien allerdings vorerst ein sinn- und aussichtsloses Unternehmen zu sein. Es war die Aufgabe gestellt, etwas vom Kranken zu erfahren, was man nicht wußte und was er selbst nicht wußte; wie konnte man hoffen, dies doch in Erfahrung zu bringen? Da kam mir die Erinnerung an einen sehr merkwürdigen und lehrreichen Versuch zu Hilfe, den ich bei Bernheim in Nancy mitangesehen hatte. Bernheim zeigte uns damals, daß die Personen, welche er in hypnotischen Somnambulismus versetzt und in diesem Zustand allerlei hatte erleben lassen, die Erinnerung an das somnambul Erlebte doch nur zum Schein verloren hatten, und daß es möglich war, bei ihnen diese Erinnerungen auch im Normalzustand zu erwecken. Wenn er sie nach den somnambulen Erlebnissen befragte, so behaupteten sie anfangs zwar, nichts zu wissen, aber wenn er nicht nachgab, drängte, ihnen versicherte, sie wüßten es doch, so kamen die vergessenen Erinnerungen jedesmal wieder.

So machte ich es also auch mit meinen Patienten. Wenn ich mit ihnen bis zu einem Punkte gekommen war, an dem sie behaupteten, nichts weiter zu wissen, so versicherte ich ihnen, sie wüßten es doch, sie sollten es nur sagen, und ich getraute mich der Behauptung, daß die Erinnerung die richtige sein würde, die ihnen in dem Moment käme, wenn ich meine Hand auf ihre Stirne legte. Auf diese Weise gelang es mir, ohne Anwendung der Hypnose, von den Kranken alles zu erfahren, was zur Herstellung des Zusammenhangs zwischen den vergessenen pathogenen Szenen und den von ihnen erübrigten Symptomen erforderlich war. Aber es war ein mühseliges, ein auf die Dauer erschöpfendes Verfahren, das sich für eine endgültige Technik nicht eignen konnte.

Ich gab es jedoch nicht auf, ohne aus den dabei gemachten Wahrnehmungen die entscheidenden Schlüsse zu ziehen. Ich hatte es also bestätigt gefunden, daß die vergessenen Erinnerungen nicht verloren waren. Sie waren im Besitze des Kranken und bereit, in Assoziation an das von ihm noch Gewußte aufzutauchen, aber irgend eine Kraft hinderte sie daran, bewußt zu werden, und nötigte sie, unbewußt zu bleiben. Die Existenz dieser Kraft konnte man mit Sicherheit annehmen, denn man verspürte eine ihr entsprechende Anstrengung, wenn man sich bemühte, im Gegensatz zu ihr die unbewußten Erinnerungen ins Bewußtsein des Kranken einzuführen. Man bekam die Kraft, welche den krankhaften Zustand aufrecht erhielt, als Widerstand des Kranken zu spüren.

Auf diese Idee des Widerstandes habe ich nun meine Auffassung der psychischen Vorgänge bei der Hysterie gegründet. Es hatte sich als notwendig zur Herstellung erwiesen, diese

Widerstände aufzuheben; vom Mechanismus der Heilung aus konnte man sich jetzt ganz bestimmte Vorstellungen über den Hergang bei der Erkrankung bilden. Dieselben Kräfte, die heute als Widerstand sich dem Bewußtmachen des Vergessenen widersetzten, mußten seinerzeit dieses Vergessen bewirkt und die betreffenden pathogenen Erlebnisse aus dem Bewußtsein gedrängt haben. Ich nannte diesen von mir supponierten Vorgang Verdrängung und betrachtete ihn als erwiesen durch die unleugbare Existenz des Widerstandes.

Man konnte sich aber auch die Frage vorlegen, welches diese Kräfte und welche die Bedingungen der Verdrängung seien, in der wir nun den pathogenen Mechanismus der Hysterie erkennen. Eine vergleichende Untersuchung der pathogenen Situationen, die man durch die kathartische Behandlung kennen gelernt hatte, gestattete hierauf Antwort zu geben. Bei all diesen Erlebnissen hatte es sich darum gehandelt, daß eine Wunschregung aufgetaucht war, welche in scharfem Gegensatze zu den sonstigen Wünschen des Individuums stand, sich als unverträglich mit den ethischen und ästhetischen Ansprüchen der Persönlichkeit erwies. Es hatte einen kurzen Konflikt gegeben, und das Ende dieses inneren Kampfes war, daß die Vorstellung, welche als der Träger jenes unvereinbaren Wunsches vor dem Bewußtsein auftrat, der Verdrängung anheimfiel und mit den zu ihr gehörigen Erinnerungen aus dem Bewußtsein gedrängt und vergessen wurde. Die Unverträglichkeit der betreffenden Vorstellung mit dem Ich des Kranken war also das Motiv der Verdrängung; die ethischen und anderen Anforderungen des Individuums waren die verdrängenden Kräfte, Die Annahme der unverträglichen Wunschregung oder die Fortdauer des Konflikts hätten hohe Grade von Unlust hervorgerufen; diese Unlust wurde durch die Verdrängung erspart.

die sich in solcher Art als eine der Schutzvorrichtungen der seelischen Persönlichkeit erwies.

Ich will Ihnen anstatt vieler einen einzigen meiner Fälle erzählen, in welchem Bedingungen und Nutzen der Verdrängung deutlich genug zu erkennen sind. Freilich muß ich für meinen Zweck auch diese Krankengeschichte verkürzen und wichtige Voraussetzungen derselben bei Seite lassen. Ein junges Mädchen, welches kurz vorher den geliebten Vater verloren hatte, an dessen Pflege sie beteiligt gewesen war — eine Situation analog der bei der Patientin Breuers —, brachte, als ihre ältere Schwester sich verheiratete, dem neuen Schwager eine besondere Sympathie entgegen, die sich leicht als verwandtschaftliche Zärtlichkeit maskieren konnte. Diese Schwester erkrankte bald und starb, während die Patientin mit ihrer Mutter abwesend war. Die Abwesenden wurden eiligst zurückgerufen, ohne in sichere Kenntnis des schmerzlichen Ereignisses gesetzt zu werden. Als das Mädchen an das Bett der toten Schwester trat, tauchte für einen kurzen Moment eine Idee in ihr auf, die sich etwa in den Worten ausdrücken ließe: Jetzt ist er frei und kann mich heiraten. Wir dürfen als sicher annehmen, daß diese Idee, welche die ihr selbst nicht bewußte intensive Liebe zum Schwager ihrem Bewußtsein verriet, durch den Aufruhr ihrer Gefühle im nächsten Moment der Verdrängung überliefert wurde. Das Mädchen erkrankte an schweren hysterischen Symptomen, und als ich sie in Behandlung genommen hatte, stellte es sich heraus, daß sie jene Szene am Bette der Schwester und die in ihr auftretende häßlich-egoistische Regung gründlich vergessen hatte. Sie erinnerte sich daran in der Behandlung, reproduzierte den pathogenen Moment unter den Anzeichen heftigster Gemütsbewegung und wurde durch diese Behandlung gesund.

Vielleicht darf ich Ihnen den Vorgang der Verdrängung und deren notwendige Beziehung zum Widerstand durch ein grobes Gleichnis veranschaulichen, das ich gerade aus unserer gegenwärtigen Situation herausgreifen will. Nehmen Sie an, hier in diesem Saale und in diesem Auditorium, dessen musterhafte Ruhe und Aufmerksamkeit ich nicht genug zu preisen weiß, befände sich doch ein Individuum, welches sich störend benimmt und durch sein ungezogenes Lachen, Schwätzen, Scharren mit den Füßen meine Aufmerksamkeit von meiner Aufgabe abzieht. Ich erkläre, daß ich so nicht weiter vortragen kann, und daraufhin erheben sich einige kräftige Männer unter Ihnen und setzen den Störenfried nach kurzem Kampfe vor die Tür. Er ist also jetzt „verdrängt" und ich kann meinen Vortrag fortsetzen. Damit aber die Störung sich nicht wiederhole, wenn der Herausgeworfene versucht, wieder in den Saal einzudringen, rücken die Herren, welche meinen Willen zur Ausführung gebracht haben, ihre Stühle an die Türe an und etablieren sich so als „Widerstand" nach vollzogener Verdrängung. Wenn Sie nun noch die beiden Lokalitäten hier als das „Bewußte" und das „Unbewußte" aufs Psychische übertragen, so haben Sie eine ziemlich gute Nachbildung des Vorgangs der Verdrängung vor sich.

Sie sehen nun, worin der Unterschied unserer Auffassung von der J a n e t schen gelegen ist. Wir leiten die psychische Spaltung nicht von einer angeborenen Unzulänglichkeit des seelischen Apparats zur Synthese ab, sondern erklären sie dynamisch durch den Konflikt widerstreitender Seelenkräfte, erkennen in ihr das Ergebnis eines aktiven Sträubens der beiden psychischen Gruppierungen gegeneinander. Aus unserer Auffassung erheben sich nun neue Fragestellungen in großer Anzahl. Die Situation des psychischen Konflikts ist ja eine überaus häufige, ein Bestreben des Ichs, sich peinlicher Erinnerungen zu erwehren, wird ganz regelmäßig beobachtet, ohne daß es zum Ergebnis einer seelischen Spaltung führte. Man kann den Gedanken nicht abweisen, daß es noch anderer Bedingungen bedarf, wenn der Konflikt die Dissoziation zur Folge haben soll. Ich gebe Ihnen auch gern zu, daß wir mit der Annahme der Verdrängung nicht am Ende, sondern erst am Anfang einer psychologischen Theorie stehen, aber wir können nicht anders als schrittweise vorrücken und müssen die Vollendung der Erkenntnis weiterer und tiefer eindringender Arbeit überlassen.

Unterlassen Sie auch den Versuch, den Fall der Patientin B r e u e r s unter die Gesichtspunkte der Verdrängung zu bringen. Diese Krankengeschichte eignet sich hiezu nicht, weil sie mit Hilfe der hypnotischen Beeinflussung gewonnen worden ist. Erst, wenn Sie die Hypnose ausschalten, können Sie die Widerstände und Verdrängungen bemerken und sich von dem wirklichen pathogenen Vorgang eine zutreffende Vorstellung bilden. Die Hypnose verdeckt den Widerstand und macht ein gewisses seelisches Gebiet frei zugänglich, dafür häuft sie den Widerstand an den Grenzen dieses Gebietes zu einem Walle auf, der alles Weitere unzugänglich macht.

Das Wertvollste, was wir aus der B r e u e r schen Beobachtung gelernt haben, waren die Aufschlüsse über den Zusammenhang der Symptome mit den pathogenen Erlebnissen oder psychischen Traumen, und nun dürfen wir nicht versäumen, diese Einsichten vom Standpunkte der Verdrängungslehre zu würdigen. Man sieht zunächst wirklich nicht ein, wie man von der Verdrängung aus zur Symptombildung gelangen kann. Anstatt eine komplizierte theoretische Ableitung zu geben, will ich an dieser Stelle auf unser früher gebrauchtes Bild für die Verdrängung zurückgreifen. Denken Sie daran, mit der Entfernung des störenden Gesellen und der Niederlassung der Wächter vor der Türe braucht die Angelegenheit nicht beendigt zu sein. Es kann sehr wohl geschehen, daß der Herausgeworfene, der jetzt erbittert und ganz rücksichtslos geworden ist, uns weiter zu schaffen gibt. Er ist zwar nicht mehr unter uns, wir sind seine Gegenwart, sein höhnisches Lachen, seine halblauten Bemerkungen los geworden, aber in gewisser Hinsicht ist die Verdrängung doch erfolglos gewesen, denn er führt nun draußen einen unerträglichen Spektakel auf, und sein Schreien und mit den Fäusten an die Tür Pochen hemmt meinen Vortrag mehr als früher sein unartiges Benehmen. Unter diesen Verhältnissen würden wir es mit Freuden begrüßen müssen, wenn etwa unser verehrter Präsident Dr. Stanley Hall die Rolle des Vermittlers und Friedensstifters übernehmen wollte. Er würde mit dem ungebärdigen Gesellen draußen sprechen und dann sich an uns mit der Aufforderung wenden, ihn doch wieder einzulassen, er übernehme die Garantie, daß sich jener jetzt besser betragen werde. Auf Dr. Halls Autorität hin entschließen wir uns dazu, die Verdrängung wieder aufzuheben, und nun tritt wieder Ruhe und Frieden ein. Es ist dies wirklich keine unpassende Darstellung der Aufgabe, die dem Arzt bei der psychoanalytischen Therapie der Neurosen zufällt.

Um es jetzt direkter zu sagen: Wir kommen durch die Untersuchung der hysterisch Kranken und anderer Neurotiker zur Überzeugung, daß ihnen die Verdrängung der Idee, an welcher der unerträgliche Wunsch hängt, mißlungen ist. Sie haben sie zwar aus dem Bewußtsein und aus der Erinnerung getrieben und sich anscheinend eine große Summe Unlust erspart, aber im Unbewußten besteht die verdrängte Wunschregung weiter, lauert auf eine Gelegenheit, aktiviert zu werden, und versteht es dann, eine entstellte und unkenntlich gemachte **Ersatzbildung** für das Verdrängte ins Bewußtsein zu schicken, an welche sich bald dieselben Unlustempfindungen knüpfen, die man durch die Verdrängung erspart glaubte. Diese Ersatzbildung für die verdrängte Idee — das **Symptom** — ist gegen weitere Angriffe von seiten des abwehrenden Ichs gefeit, und an Stelle des kurzen Konflikts tritt jetzt ein in der Zeit nicht endendes Leiden. An dem Symptom ist neben den Anzeichen der Entstellung ein Rest von irgendwie vermittelter Ähnlichkeit mit der ursprünglich verdrängten Idee zu konstatieren; die Wege, auf denen sich die Ersatzbildung vollzog, lassen sich während der psychoanalytischen Behandlung des Kranken aufdecken, und zu seiner Heilung ist es notwendig, daß das Symptom auf diesen nämlichen Wegen wieder in die verdrängte Idee übergeführt werde. Ist das Verdrängte wieder der bewußten Seelentätigkeit zugeführt, was die Überwindung beträchtlicher Widerstände voraussetzt, so kann der so entstandene psychische Konflikt, den der Kranke vermeiden wollte, unter der Leitung des Arztes einen besseren Ausgang finden, als ihn die Verdrängung bot. Es gibt mehrere solcher zweckmäßiger Erledigungen, welche Konflikt und Neurose zum glücklichen Ende führen, und die im einzelnen Falle auch miteinander kombiniert erzielt werden können. Entweder wird die Persönlichkeit des Kranken überzeugt, daß sie den pathogenen Wunsch mit Unrecht abgewiesen hat und veranlaßt, ihn ganz oder teilweise zu akzeptieren, oder dieser Wunsch wird selbst auf ein höheres und darum einwandfreies Ziel geleitet (was man seine **Sublimierung** heißt), oder man erkennt seine Verwerfung als zu Recht bestehend an, ersetzt aber den automatischen und darum unzureichenden Mechanismus der Verdrängung durch eine Verurteilung mit Hilfe der höchsten geistigen Leistungen des Menschen; man erreicht seine bewußte Beherrschung.

Verzeihen Sie mir, wenn es mir nicht gelungen ist, Ihnen diese Hauptgesichtspunkte der nun Psychoanalyse genannten Behandlungsmethode klarer faßlich darzustellen. Die Schwierigkeiten liegen nicht nur in der Neuheit des Gegenstandes. Welcher Art die unverträglichen Wünsche sind, die sich trotz der Verdrängung aus dem Unbewußten vernehmbar zu machen verstehen, und welche subjektiven oder konstitutionellen Bedingungen bei einer Person zutreffen müssen, damit sich ein solches Mißlingen der Verdrängung und eine Ersatz- oder Symptombildung vollziehe, darüber werden noch einige spätere Bemerkungen Aufschluß geben.

III.

Meine Damen und Herren! Es ist nicht immer leicht die Wahrheit zu sagen, besonders wenn man kurz sein muß, und so bin ich heute genötigt, eine Unrichtigkeit zu korrigieren, die ich in meinem letzten Vortrag vorgebracht habe. Ich sagte Ihnen, wenn ich unter Verzicht auf die Hypnose in meine Kranken drang, mir doch mitzuteilen, was ihnen zu dem eben behandelten Problem einfiele — sie wüßten ja doch alles angeblich Vergessene, und der auftauchende Einfall werde gewiß das Gesuchte enthalten —, so machte ich tatsächlich die Erfahrung, daß der nächste Einfall meines Kranken das richtige brachte und sich als die vergessene Fortsetzung der Erinnerung erwies. Nun, das ist nicht allgemein richtig; ich habe es nur der Abkürzung halber so einfach dargestellt. In Wirklichkeit traf es nur die ersten Male zu, daß sich das richtige Vergessene durch einfaches Drängen von meiner Seite einstellte. Setzte man das Verfahren fort, so kamen jedesmal Einfälle, die nicht die richtigen sein konnten, weil sie nicht passend waren, und die die Kranken selbst als unrichtig verwarfen. Das Drängen brachte hier keine weitere Hilfe, und man konnte wieder bedauern, die Hypnose aufgegeben zu haben.

In diesem Stadium der Ratlosigkeit klammerte ich mich an ein Vorurteil, dessen wissenschaftliche Berechtigung Jahre später durch meinen Freund C. G. Jung in Zürich und seine Schüler erwiesen wurde. Ich muß behaupten, es ist manchmal recht nützlich, Vorurteile zu haben. Ich brachte eine hohe Meinung von der Strenge der Determinierung seelischer Vorgänge mit und konnte nicht daran glauben, daß ein Einfall des Kranken, den er bei gespannter Aufmerksamkeit produzierte, ganz willkürlich und außer Beziehung zu der von uns gesuchten vergessenen Vorstellung sei; daß er mit dieser nicht identisch war, ließ sich aus der vorausgesetzten psychologischen Situation befriedigend erklären. In dem behandelten Kranken wirkten zwei Kräfte gegeneinander, einerseits sein bewußtes Bestreben, das in seinem Unbewußten vorhandene Vergessene ins Bewußtsein zu ziehen, anderseits der uns bekannte Widerstand, der sich gegen solches Bewußtwerden des Verdrängten oder seiner Abkömmlinge sträubte. War dieser Widerstand gleich Null oder sehr gering, so wurde das Vergessene ohne Entstellung bewußt; es lag also nahe, anzunehmen, daß die Entstellung des Gesuchten um so größer ausfallen werde, je größer der Widerstand gegen das Bewußtwerden des Gesuchten sei. Der Einfall des Kranken, der anstatt des Gesuchten kam, war also selbst entstanden wie ein Symptom; er war eine neue, künstliche und ephemere Ersatzbildung für das Verdrängte, und demselben um so unähnlicher, eine je größere Entstellung er unter dem Einfluß des Widerstandes erfahren hatte. Er mußte aber doch eine gewisse Ähnlichkeit mit dem Gesuchten aufweisen, kraft seiner Natur als Symptom, und bei nicht zu intensivem Widerstand mußte es möglich sein, aus dem Einfall das verborgene Gesuchte zu erraten. Der Einfall mußte sich zum verdrängten Element verhalten wie eine Anspielung, wie eine Darstellung desselben in indirekter Rede.

Wir kennen auf dem Gebiete des normalen Seelenlebens Fälle, in denen analoge Situationen wie die von uns angenommene auch ähnliche Ergebnisse liefern. Ein solcher Fall ist der des

Witzes. Durch die Probleme der psychoanalytischen Technik bin ich denn auch genötigt worden, mich mit der Technik der Witzbildung zu beschäftigen. Ich will Ihnen ein einziges solches Beispiel erläutern, übrigens einen Witz in englischer Sprache.

Die Anekdote erzählt:[1]) Zwei wenig skrupulösen Geschäftsleuten war es gelungen, sich durch eine Reihe recht gewagter Unternehmungen ein großes Vermögen zu erwerben, und nun ging ihr Bemühen dahin, sich der guten Gesellschaft aufzudrängen. Unter anderem erschien es ihnen als ein zweckmäßiges Mittel, sich von dem vornehmsten und teuersten Maler der Stadt, dessen Bilder als Ereignisse betrachtet wurden, malen zu lassen. Auf einer großen Soiree wurden die kostbaren Bilder zuerst gezeigt, und die beiden Hausherren führten selbst den einflußreichsten Kunstkenner und Kritiker zur Wand des Salons, an welcher die beiden Porträts nebeneinander aufgehängt waren, um ihm sein bewunderndes Urteil zu entlocken. Der sah die Bilder lange Zeit an, schüttelte dann den Kopf, als ob er etwas vermissen würde, und fragte bloß, auf den freien Raum zwischen den beiden Bildern deutend: „And where is the Saviour?" Ich sehe, Sie lachen alle über diesen guten Witz, in dessen Verständnis wir nun eindringen wollen. Wir verstehen, daß der Kunstkenner sagen will: Ihr seid ein Paar Spitzbuben, wie die, zwischen denen man den Heiland ans Kreuz hängte. Aber er sagte es nicht; anstatt dessen äußert er etwas, was zunächst sonderbar unpassend und nicht dazu gehörig scheint, was wir aber im nächsten Moment als eine Anspielung auf die von ihm beabsichtigte Beschimpfung und als einen vollgültigen Ersatz für dieselbe erkennen. Wir können nicht erwarten, daß sich beim Witz alle die Verhältnisse wiederfinden

[1]) Der Witz und seine Beziehung zum Unbewußten. Fr. Deuticke, Wien 1905, 4. Aufl. 1925, p. 60.

lassen, die wir bei der Entstehung des Einfalles bei unseren Patienten vermuten, aber auf die Identität in der Motivierung von Witz und Einfall wollen wir Gewicht legen. Warum sagt unser Kritiker den beiden Spitzbuben nicht direkt, was er ihnen sagen möchte? Weil neben seinem Gelüste, es ihnen unverhüllt ins Gesicht zu sagen, sehr gute Gegenmotive in ihm wirksam sind. Es ist nicht ungefährlich, Leute zu beleidigen, bei denen man zu Gaste ist, und die über die kräftigen Fäuste einer zahlreichen Dienerschaft verfügen. Man kann leicht jenem Schicksal verfallen, das ich im vorigen Vortrag in eine Analogie mit der „Verdrängung" brachte. Aus diesem Grunde bringt der Kritiker die beabsichtigte Beschimpfung nicht direkt, sondern in entstellter Form als eine „Anspielung mit Auslassung" zum Ausdruck, und dieselbe Konstellation verschuldet es nach unserer Meinung, daß unser Patient, anstatt des gesuchten Vergessenen, einen mehr oder minder entstellten Ersatzeinfall produziert.

Meine Damen und Herren! Es ist recht zweckmäßig, eine Gruppe von zusammengehörigen, mit Affekt besetzten Vorstellungselementen nach dem Vorgange der Züricher Schule (Bleuler, Jung u. a.) als einen „Komplex" zu bezeichnen. Wir sehen also, wenn wir bei einem Kranken von dem letzten, was er noch erinnert, ausgehen, um einen verdrängten Komplex zu suchen, so haben wir alle Aussicht, diesen zu erraten, wenn uns der Kranke eine genügende Anzahl seiner freien Einfälle zur Verfügung stellt. Wir lassen also den Kranken reden, was er will, und halten an der Voraussetzung fest, daß ihm nichts anderes einfallen kann, als was in indirekter Weise von dem gesuchten Komplex abhängt. Erscheint Ihnen dieser Weg, das Verdrängte aufzufinden, allzu umständlich, so kann ich Ihnen wenigstens die Versicherung geben, daß er der einzig gangbare ist.

Wenn wir diese Technik ausüben, so werden wir noch durch die Tatsache gestört, daß der Kranke häufig innehält, in Stockungen gerät und behauptet, er wisse nichts zu sagen, es falle ihm überhaupt nichts ein. Träfe dies zu und hätte der Kranke recht, so wäre unser Verfahren wiederum als unzulänglich erwiesen. Allein eine feinere Beobachtung zeigt, daß ein solches Versagen der Einfälle eigentlich nie eintritt. Dieser Anschein kommt nur dadurch zu stande, daß der Kranke den wahrgenommenen Einfall unter dem Einfluß der Widerstände, die sich in verschiedene kritische Urteile über den Wert des Einfalls kleiden, zurückhält oder wieder beseitigt. Man schützt sich dagegen, indem man ihm dieses Verhalten vorhersagt und von ihm fordert, daß er sich um diese Kritik nicht kümmere. Er soll unter völligem Verzicht auf solche kritische Auswahl alles sagen, was ihm in den Sinn kommt, auch wenn er es für unrichtig, für nicht dazu gehörig, für unsinnig hält, vor allem auch dann, wenn es ihm unangenehm ist, sein Denken mit dem Einfall zu beschäftigen. Durch die Befolgung dieser Vorschrift sichern wir uns das Material, welches uns auf die Spur der verdrängten Komplexe führt.

Dies Material von Einfällen, welche der Kranke geringschätzend von sich weist, wenn er unter dem Einflusse des Widerstandes anstatt unter dem des Arztes steht, stellt für den Psychoanalytiker gleichsam das Erz dar, dem er mit Hilfe von einfachen Deutungskünsten seinen Gehalt an wertvollem Metall entzieht. Wollen Sie sich bei einem Kranken eine rasche und vorläufige Kenntnis der verdrängten Komplexe schaffen, ohne noch auf deren Anordnung und Verknüpfung einzugehen, so bedienen Sie sich dazu der Prüfung mit dem Assoziationsexperiment, wie sie Jung[1]) und seine Schüler ausgebildet

[1]) C. G. Jung, Diagnostische Assoziationsstudien, I. Bd., 1906.

haben. Dies Verfahren leistet dem Psychoanalytiker so viel wie die qualitative Analyse dem Chemiker; es ist in der Therapie der neurotisch Kranken entbehrlich, unentbehrlich aber zur objektiven Demonstration der Komplexe und bei der Untersuchung der Psychosen, die von der Züricher Schule so erfolgreich in Angriff genommen worden ist.

Die Bearbeitung der Einfälle, welche sich dem Patienten ergeben, wenn er sich der psychoanalytischen Hauptregel unterwirft, ist nicht das einzige unserer technischen Mittel zur Erschließung des Unbewußten. Dem gleichen Zwecke dienen zwei andere Verfahren, die Deutung seiner Träume und die Verwertung seiner Fehl- und Zufallshandlungen.

Ich gestehe Ihnen, meine geehrten Zuhörer, daß ich lange geschwankt habe, ob ich Ihnen anstatt dieser gedrängten Übersicht über das ganze Gebiet der Psychoanalyse nicht lieber eine ausführliche Darstellung der Traumdeutung bieten soll.[1]) Ein rein subjektives und anscheinend sekundäres Motiv hat mich davon zurückgehalten. Es erschien mir fast anstößig, in diesem praktischen Zielen zugewendeten Lande als „Traumdeuter" aufzutreten, ehe Sie noch wissen konnten, auf welche Bedeutung diese veraltete und verspottete Kunst Anspruch erheben kann. Die Traumdeutung ist in Wirklichkeit die Via Regia zur Kenntnis des Unbewußten, die sicherste Grundlage der Psychoanalyse und jenes Gebiet, auf welchem jeder Arbeiter seine Überzeugung zu gewinnen und seine Ausbildung anzustreben hat. Wenn ich gefragt werde, wie man Psychoanalytiker werden kann, so antworte ich, durch das Studium seiner eigenen Träume. Mit richtigem Takt sind alle Gegner der Psychoanalyse bisher einer Würdigung der „Traumdeutung" ausgewichen oder haben mit den seichtesten Einwendungen über sie hinwegzukommen ge-

---

[1]) Die Traumdeutung, Fr. Deuticke, Wien 1900 (7. Aufl. 1922).

trachtet. Wenn Sie im Gegenteile die Lösungen der Probleme des Traumlebens anzunehmen vermögen, werden Ihnen die Neuheiten, welche die Psychoanalyse Ihrem Denken zumutet, keine Schwierigkeiten mehr bieten.

Vergessen Sie nicht daran, daß unsere nächtlichen Traumproduktionen einerseits die größte äußere Ähnlichkeit und innere Verwandtschaft mit den Schöpfungen der Geisteskrankheit zeigen, anderseits aber mit der vollen Gesundheit des Wachlebens verträglich sind. Es ist keine paradoxe Behauptung, daß, wer jenen „normalen“ Sinnestäuschungen, Wahnideen und Charakteränderungen Verwunderung anstatt Verständnis entgegenbringt, auch nicht die leiseste Aussicht hat, die abnormen Bildungen krankhafter Seelenzustände anders als im laienhaften Sinne zu begreifen. Zu diesen Laien dürfen Sie heute getrost fast alle Psychiater zählen. Folgen Sie mir nun auf einen flüchtigen Streifzug durch das Gebiet der Traumprobleme.

Wir pflegen, wenn wir erwacht sind, die Träume so verächtlich zu behandeln wie der Patient die Einfälle, die der Psychoanalytiker von ihm fordert. Wir weisen sie aber auch von uns ab, indem wir sie in der Regel rasch und vollständig vergessen. Unsere Geringschätzung gründet sich auf den fremdartigen Charakter selbst jener Träume, die nicht verworren und unsinnig sind, und auf die evidente Absurdität und Sinnlosigkeit anderer Träume; unsere Abweisung beruft sich auf die ungehemmt schamlosen und unmoralischen Strebungen, die in manchen Träumen offen zu Tage treten. Das Altertum hat diese Geringschätzung der Träume bekanntlich nicht geteilt. Die niederen Schichten unseres Volkes lassen sich in der Wertschätzung der Träume auch heute nicht irre machen; sie erwarten von ihnen wie die Alten die Enthüllung der Zukunft.

Ich bekenne, daß ich kein Bedürfnis nach mystischen Annahmen zur Ausfüllung der Lücken unserer gegenwärtigen Erkenntnis habe, und darum habe ich auch nie etwas finden können, was eine prophetische Natur der Träume bestätigte. Es läßt sich viel andersartiges, was auch wunderbar genug ist, über die Träume sagen.

Zunächst, nicht alle Träume sind dem Träumer wesensfremd, unverständlich und verworren. Wenn Sie die Träume jüngster Kinder, von $1^1/_2$ Jahren an, Ihrer Betrachtung unterziehen wollen, so finden sie dieselben ganz simpel und leicht aufzuklären. Das kleine Kind träumt immer die Erfüllung von Wünschen, die der Tag vorher in ihm erweckt und nicht befriedigt hat. Sie bedürfen keiner Deutungskunst, um diese einfache Lösung zu finden, sondern nur der Erkundigung nach den Erlebnissen des Kindes am Vortag (Traumtag). Es wäre nun gewiß die befriedigendste Lösung des Traumrätsels, wenn auch die Träume der Erwachsenen nichts anderes wären als die der Kinder, Erfüllungen von Wunschregungen, die ihnen der Traumtag gebracht hat. So ist es auch in Wirklichkeit; die Schwierigkeiten, welche dieser Lösung im Wege stehen, lassen sich durch eine eingehendere Analyse der Träume schrittweise beseitigen.

Da ist vor allem die erste und gewichtigste Einwendung, daß die Träume Erwachsener gewöhnlich einen unverständlichen Inhalt haben, der am wenigsten etwas von Wunscherfüllung erkennen läßt. Die Antwort lautet hier: Diese Träume haben eine Entstellung erfahren; der psychische Vorgang, der ihnen zu Grunde liegt, hätte ursprünglich ganz anderen Ausdruck in Worten finden sollen. Sie müssen den *manifesten Trauminhalt*, wie Sie ihn am Morgen verschwommen erinnern und mühselig, anscheinend willkürlich, in Worte kleiden, unterscheiden von den *latenten Traumgedanken*, die Sie im Unbewußten vorhanden anzunehmen haben. Diese Traumentstelıung ist derselbe Vorgang, den Sie bei der Untersuchung der Bildung hysterischer Symptome kennen gelernt haben; sie weist auch darauf hin, daß das gleiche Gegenspiel der seelischen Kräfte bei der Traumbildung wie bei der Symptombildung beteiligt ist. Der manifeste Trauminhalt ist der entstellte Ersatz für die unbewußten Traumgedanken, und diese Entstellung ist das Werk von abwehrenden Kräften des Ichs, Widerständen, welche den verdrängten Wünschen des Unbewußten den Zugang zum Bewußtsein im Wachleben überhaupt verwehren, in der Herabsetzung des Schlafzustandes aber wenigstens noch so stark sind, daß sie ihnen eine verhüllende Vermummung aufnötigen. Der Träumer erkennt dann den Sinn seiner Träume ebensowenig wie der Hysterische die Beziehung und Bedeutung seiner Symptome.

Daß es latente Traumgedanken gibt, und daß zwischen ihnen und dem manifesten Trauminhalt wirklich die eben beschriebene Relation besteht, davon überzeugen Sie sich bei der Analyse der Träume, deren Technik mit der psychoanalytischen zusammenfällt. Sie sehen von dem scheinbaren Zusammenhang der Elemente im manifesten Traum ganz ab und suchen sich die Einfälle zusammen, die sich bei freier Assoziation nach der psychoanalytischen Arbeitsregel zu jedem einzelnen Traumelement ergeben. Aus diesem Material erraten Sie die latenten Traumgedanken ganz so, wie Sie aus den Einfällen der Kranken zu seinen Symptomen und Erinnerungen seine versteckten Komplexe erraten haben. An den so gefundenen latenten Traumgedanken ersehen Sie ohne weiteres, wie vollberechtigt die Rückführung der Träume Erwachsener auf die Kinderträume ist. Was sich jetzt als der eigentliche Sinn des Traumes dem manifesten Trauminhalt substituiert, das ist immer klar verständlich, knüpft an die Lebenseindrücke des Vortages an, erweist sich als eine Erfüllung unbefriedigter Wünsche. Den manifesten Traum, den Sie aus der Erinnerung beim Erwachen kennen, können Sie dann nur beschreiben als eine *verkappte* Erfüllung *verdrängter* Wünsche.

Sie können durch eine Art von synthetischer Arbeit jetzt auch Einsicht nehmen in den Prozeß, der die Entstellung der unbewußten Traumgedanken zum manifesten Trauminhalt herbeigeführt hat. Wir heißen diesen Prozeß die „Traumarbeit". Derselbe verdient unser vollstes theoretisches Interesse, weil wir an ihm wie sonst nirgends studieren können, welche ungeahnten psychischen Vorgänge im Unbewußten, oder genau ausgedrückt, *zwischen* zwei gesonderten psychischen Systemen wie dem Bewußten und dem Unbewußten, möglich sind. Unter diesen neu erkannten psychischen Vorgängen heben sich die der *Verdichtung* und der *Verschiebung* auffällig heraus. Die Traumarbeit ist ein Spezialfall der Einwirkungen verschiedener seelischer Gruppierungen aufeinander, also der Erfolge der seelischen Spaltung, und sie scheint in allem Wesentlichen identisch mit jener Entstellungsarbeit, welche die verdrängten Komplexe bei mißglückender Verdrängung in Symptome verwandelt.

Sie werden ferner bei der Analyse der Träume, am überzeugendsten Ihrer eigenen, mit Verwunderung die ungeahnt große Rolle entdecken, welche Eindrücke und Erlebnisse früher Jahre der Kindheit auf die Entwicklung des Menschen nehmen. Im Traumleben setzt das Kind im Menschen gleichsam seine Existenz mit Erhaltung all seiner Eigentümlichkeiten und Wunschregungen, auch der im späteren Leben unbrauchbar gewordenen, fort. Mit unabweislicher Macht drängt sich Ihnen auf, durch welche Entwicklungen, Verdrängungen, Sublimierungen und Reaktionsbildungen aus dem ganz anders beanlagten

Kinde der sogenannt normale Mensch, der Träger und zum Teil das Opfer der mühsam errungenen Kultur, hervorgeht.

Auch darauf will ich Sie aufmerksam machen, daß wir bei der Analyse der Träume gefunden haben, das Unbewußte bediene sich, insbesondere für die Darstellung sexueller Komplexe, einer gewissen Symbolik, die zum Teil individuell variabel, zum anderen Teil aber typisch festgelegt ist, und die sich mit der Symbolik zu decken scheint, die wir hinter unseren Mythen und Märchen vermuten. Es wäre nicht unmöglich, daß die letzteren Schöpfungen der Völker ihre Aufklärung vom Traume her empfangen könnten.

Endlich muß ich Sie mahnen, daß Sie sich nicht durch den Einwand irre machen lassen, das Vorkommen von Angstträumen widerspreche unserer Auffassung des Traumes als Wunscherfüllung. Abgesehen davon, daß auch diese Angstträume der Deutung bedürfen, ehe man über sie urteilen kann, muß man ganz allgemein sagen, daß die Angst nicht so einfach am Trauminhalt hängt, wie man's sich ohne weitere Kenntnis und Rücksicht auf die Bedingungen der neurotischen Angst vorstellt. Die Angst ist eine der Ablehnungsreaktionen des Ichs gegen stark gewordene verdrängte Wünsche, und daher auch im Traume sehr gut erklärlich, wenn die Traumbildung sich zu sehr in den Dienst der Erfüllung dieser verdrängten Wünsche gestellt hat.

Sie sehen, die Traumerforschung wäre an sich durch die Aufschlüsse gerechtfertigt, die sie über sonst schwer wißbare Dinge liefert. Wir sind aber im Zusammenhange mit der psychoanalytischen Behandlung der Neurotiker zu ihr gelangt. Nach dem bisher Gesagten können Sie leicht verstehen, wie die Traumdeutung, wenn sie nicht durch die Widerstände des Kranken allzusehr erschwert wird, zur Kenntnis der versteckten und verdrängten Wünsche des Kranken und der von ihnen genährten Komplexe führt, und ich kann zur dritten Gruppe von seelischen Phänomenen übergehen, deren Studium zum technischen Mittel für die Psychoanalyse geworden ist.

Es sind dies die kleinen Fehlhandlungen normaler wie nervöser Menschen, denen man sonst keine Bedeutung beizulegen pflegt, das Vergessen von Dingen, die sie wissen könnten und andere Male auch wirklich wissen (z. B. das zeitweilige Entfallen von Eigennamen), das Versprechen in der Rede, das sich uns selbst so häufig ereignet, das analoge Verschreiben und Verlesen, das Vergreifen bei Verrichtungen und das Verlieren oder Zerbrechen von Gegenständen u. dgl., lauter Dinge, für die man eine psychologische Determinierung sonst nicht sucht, und die man als zufällige Ergebnisse, als Erfolge der Zerstreutheit, Unaufmerksamkeit und ähnlicher Bedingungen unbeanständet passieren läßt. Dazu kommen noch die Handlungen und Gesten, welche die Menschen ausführen, ohne sie überhaupt zu bemerken, geschweige denn, daß sie ihnen seelisches Gewicht beilegten, wie das Spielen, Tändeln mit Gegenständen, das Summen von Melodien, das Hantieren am eigenen Körper und an dessen Bekleidung und ähnliches.[1]) Diese kleinen Dinge, die Fehlhandlungen wie die Symptom- und Zufallshandlungen, sind nicht so bedeutungslos, wie man durch eine Art von stillschweigendem Übereinkommen anzunehmen bereit ist. Sie sind durchaus sinnvoll, aus der Situation, in der sie vorfallen, meist leicht und sicher zu deuten, und es stellt sich heraus, daß sie wiederum Impulsen und Absichten Ausdruck geben, die zurückgestellt, dem eigenen Bewußtsein verborgen werden sollen, oder daß sie geradezu den nämlichen verdrängten Wunschregungen und Komplexen entstammen, die wir

---

[1]) Zur Psychopathologie des Alltagslebens. 10. Aufl., 1924, Internat. psychoanalytischer Verlag, Wien.

bereits als die Schöpfer der Symptome und die Bildner der Träume kennen gelernt haben. Sie verdienen also die Würdigung von Symptomen, und ihre Beachtung kann wie die der Träume zur Aufdeckung des Verborgenen im Seelenleben führen. Mit ihrer Hilfe verrät der Mensch in der Regel die intimsten seiner Geheimnisse. Wenn sie besonders leicht und häufig zu stande kommen, selbst beim Gesunden, dem die Verdrängung seiner unbewußten Regungen im ganzen gut gelungen ist, so haben sie es ihrer Geringfügigkeit und Unscheinbarkeit zu danken. Aber sie dürfen hohen theoretischen Wert beanspruchen, da sie uns die Existenz der Verdrängung und Ersatzbildung auch unter den Bedingungen der Gesundheit erweisen.

Sie merken es bereits, daß sich der Psychoanalytiker durch einen besonders strengen Glauben an die Determinierung des Seelenlebens auszeichnet. Für ihn gibt es in den psychischen Äußerungen nichts Kleines, nichts Willkürliches und Zufälliges; er erwartet überall dort eine ausreichende Motivierung, wo man gewöhnlich eine solche Forderung nicht erhebt; ja er ist auf eine *mehrfache Motivierung* desselben seelischen Effekts vorbereitet, während unser angeblich eingeborenes Kausalbedürfnis sich mit einer einzigen psychischen Ursache für befriedigt erklärt.

Halten Sie nun zusammen, was wir an Mitteln zur Aufdeckung des Verborgenen, Vergessenen, Verdrängten im Seelenleben besitzen, das Studium der hervorgerufenen Einfälle der Patienten bei freier Assoziation, ihrer Träume und ihrer Fehl- und Symptomhandlungen; fügen Sie noch hinzu die Verwertung anderer Phänomene, die sich während der psychoanalytischen Behandlung ergeben, über die ich später unter dem Schlagwort der „Übertragung“ einige Bemerkungen machen werde, so werden Sie mit mir zu dem Schlusse kommen, daß unsere Technik bereits wirksam genug ist, um ihre Aufgabe lösen zu können, um das pathogene psychische Material dem Bewußtsein zuzuführen und so die durch die Bildung von Ersatzsymptomen hervorgerufenen Leiden zu beseitigen. Daß wir während der therapeutischen Bemühungen unsere Kenntnis vom Seelenleben der normalen und der kranken Menschen bereichern und vertiefen, kann gewiß nur als ein besonderer Reiz und Vorzug dieser Arbeit eingeschätzt werden.

Ich weiß nicht, ob Sie den Eindruck gewonnen haben, daß die Technik, durch deren Arsenal ich Sie eben geführt habe, eine besonders schwierige ist. Ich meine, sie ist dem Gegenstande, den sie bewältigen soll, durchaus angemessen. Aber so viel ist sicher, daß sie nicht selbstverständlich ist, daß sie erlernt werden muß wie die histologische oder die chirurgische. Es wird Sie vielleicht verwundern zu erfahren, daß wir in Europa eine Menge von Urteilen über die Psychoanalyse von Personen gehört haben, die von dieser Technik nichts wissen und sie nicht anwenden, und dann von uns wie im Hohne verlangten, wir sollten ihnen die Richtigkeit unserer Resultate beweisen. Es sind unter diesen Widersachern gewiß auch Personen, denen wissenschaftliche Denkweise sonst nicht fremd ist, die z. B. ein Ergebnis mikroskopischer Untersuchung nicht darum verwerfen würden, weil es am anatomischen Präparat nicht mit freiem Auge zu bestätigen ist, und nicht eher, als bis sie den Sachverhalt selbst mit Hilfe des Mikroskops beurteilt haben. Aber in Sachen der Psychoanalyse liegen die Verhältnisse wirklich ungünstiger für die Anerkennung. Die Psychoanalyse will das im Seelenleben Verdrängte zur bewußten Anerkennung bringen, und jeder, der sie beurteilt, ist selbst ein Mensch, der solche Verdrängungen besitzt, vielleicht sie nur mühsam aufrecht erhält. Sie muß also bei ihm denselben Widerstand hervorrufen, den sie bei den Kranken weckt, und dieser Widerstand hat es leicht, sich in intellektuelle Ablehnung zu verkleiden und Argumente herbeizuziehen, ähnlich wie die, welche wir bei unseren Kranken mit der psychoanalytischen Grundregel abwehren. Wie bei unseren Kranken, so können wir auch bei unseren Gegnern häufig eine sehr auffällige affektive Beeinflussung des Urteilsvermögens im Sinne einer Herabsetzung konstatieren. Der Dünkel des Bewußtseins, der z. B. den Traum so geringschätzig verwirft, gehört zu den stärksten Schutzeinrichtungen, die in uns ganz allgemein gegen das Durchdringen der unbewußten Komplexe vorgesehen sind, und darum ist es so schwierig, die Menschen zur Überzeugung von der Realität des Unbewußten zu bringen und sie Neues kennen zu lehren, was ihrer bewußten Kenntnis widerspricht.

IV.

Meine Damen und Herren! Sie werden nun zu wissen verlangen, was wir mit Hilfe der beschriebenen technischen Mittel über die pathogenen Komplexe und verdrängten Wunschregungen der Neurotiker in Erfahrung gebracht haben.

Nun vor allem eines: Die psychoanalytische Forschung führt mit wirklich überraschender Regelmäßigkeit die Leidenssymptome der Kranken auf Eindrücke aus ihrem Liebesleben zurück, zeigt uns, daß die pathogenen Wunschregungen von der Natur erotischer Triebkomponenten sind, und nötigt uns anzunehmen, daß Störungen der Erotik die größte Bedeutung unter den zur Erkrankung führenden Einflüssen zugesprochen werden muß, und dies zwar bei beiden Geschlechtern.

Ich weiß, diese Behauptung wird mir nicht gern geglaubt. Selbst solche Forscher, die meinen psychologischen Arbeiten bereitwillig folgen, sind geneigt zu meinen, daß ich den ätiologischen Anteil der sexuellen Momente überschätze, und wenden sich an mich mit der Frage, warum denn nicht auch andere seelische Erregungen zu den beschriebenen Phänomenen der Verdrängung und Ersatzbildung Anlaß geben sollen. Nun ich kann antworten: Ich weiß nicht, warum sie es nicht sollten, habe auch nichts dagegen, aber die Erfahrung zeigt, daß sie solche Bedeutung nicht haben, daß sie höchstens die Wirkung der sexuellen Momente unterstützen, nie aber die letzteren ersetzen können. Dieser

Sachverhalt wurde von mir nicht etwa theoretisch postuliert; noch in den 1895 mit Dr. J. Breuer publizierten Studien über Hysterie stand ich nicht auf diesem Standpunkte; ich mußte mich zu ihm bekehren, als meine Erfahrungen zahlreicher wurden und tiefer in den Gegenstand eindrangen. Meine Herren! Es befinden sich hier unter Ihnen einige meiner nächsten Freunde und Anhänger, die die Reise nach Worcester mit mir gemacht haben. Fragen Sie bei ihnen an und Sie werden hören, daß sie alle der Behauptung von der maßgebenden Bedeutung der sexuellen Ätiologie zuerst vollen Unglauben entgegenbrachten, bis sie durch ihre eigenen analytischen Bemühungen genötigt wurden, sie zu der ihrigen zu machen.

Die Überzeugung von der Richtigkeit des in Rede stehenden Satzes wird durch das Benehmen der Patienten nicht gerade erleichtert. Anstatt uns die Auskünfte über ihr Sexualleben bereitwillig entgegenzubringen, suchen sie dieses mit allen Mitteln zu verbergen. Die Menschen sind überhaupt nicht aufrichtig in sexuellen Dingen. Sie zeigen ihre Sexualität nicht frei, sondern tragen eine dicke Oberkleidung aus — Lügengewebe zu ihrer Verhüllung, als ob es schlechtes Wetter gäbe in der Welt der Sexualität. Und sie haben nicht unrecht, Sonne und Wind sind in unserer Kulturwelt der sexuellen Betätigung wirklich nicht günstig; eigentlich kann niemand von uns seine Erotik frei den anderen enthüllen. Wenn Ihre Patienten aber erst gemerkt haben, daß sie sich's in Ihrer Behandlung behaglich machen dürfen, dann legen sie jene Lügenhülle ab, und dann erst sind Sie in der Lage, sich ein Urteil über unsere Streitfrage zu bilden. Leider sind auch die Ärzte in ihrem persönlichen Verhältnis zu den Fragen des Sexuallebens vor anderen Menschenkindern nicht bevorzugt, und viele von ihnen stehen unter dem Banne jener Vereinigung von Prüderie und Lüsternheit, welche das Verhalten der meisten „Kulturmenschen“ in Sachen der Sexualität beherrscht.

Lassen Sie uns nun in der Mitteilung unserer Ergebnisse fortfahren. In einer anderen Reihe von Fällen führt die psychoanalytische Erforschung die Symptome allerdings nicht auf sexuelle, sondern auf banale traumatische Erlebnisse zurück. Aber diese Unterscheidung wird durch einen anderen Umstand bedeutungslos. Die zur gründlichen Aufklärung und endgültigen Herstellung eines Krankheitsfalles erforderliche Analysenarbeit macht nämlich in keinem Falle bei den Erlebnissen der Erkrankungszeit Halt, sondern sie geht in allen Fällen bis in die Pubertät und in die frühe Kindheit des Erkrankten zurück, um erst dort auf die für die spätere Erkrankung bestimmenden Eindrücke und Vorfälle zu stoßen. Erst die Erlebnisse der Kindheit geben die Erklärung für die Empfindlichkeit gegen spätere Traumen, und nur durch die Aufdeckung und Bewußtmachung dieser fast regelmäßig vergessenen Erinnerungsspuren erwerben wir die Macht zur Beseitigung der Symptome. Wir gelangen hier zu dem gleichen Ergebnis wie bei der Erforschung der Träume, daß es die unvergänglichen, verdrängten Wunschregungen der Kindheit sind, die ihre Macht zur Symptombildung geliehen haben, ohne welche die Reaktion auf spätere Traumen normal verlaufen wäre. Diese mächtigen Wunschregungen der Kindheit dürfen wir aber ganz allgemein als sexuelle bezeichnen.

Jetzt bin ich aber erst recht Ihrer Verwunderung sicher. Gibt es denn eine infantile Sexualität? werden Sie fragen. Ist das Kindesalter nicht vielmehr die Lebensperiode, die durch das Fehlen des Sexualtriebes ausgezeichnet ist? Nein, meine Herren, es ist gewiß nicht so, daß der Sexualtrieb zur Pubertätszeit in die Kinder fährt, wie im Evangelium der Teufel in die Säue. Das Kind hat seine sexuellen Triebe und Betätigungen von Anfang an, es bringt sie mit auf die Welt, und aus ihnen geht durch eine bedeutungsvolle, an Etappen reiche Entwicklung die sogenannte normale Sexualität des Erwachsenen hervor. Es ist nicht einmal schwer, die Äußerungen dieser kindlichen Sexualbetätigung zu beobachten; es gehört vielmehr eine gewisse Kunst dazu, sie zu übersehen oder wegzudeuten.

Durch die Gunst des Schicksals bin ich in die Lage versetzt, einen Zeugen für meine Behauptungen aus Ihrer Mitte selbst anzurufen. Ich zeige Ihnen hier die Arbeit eines Dr. Sanford Bell, die 1902 im „American Journal of Psychology" abgedruckt worden ist. Der Autor ist ein Fellow der Clark University, desselben Instituts, in dessen Räumen wir jetzt stehen. In dieser Arbeit, betitelt: A preliminary study of the emotion of love between the sexes, die drei Jahre vor meinen „Drei Abhandlungen zur Sexualtheorie" erschienen ist, sagt der Autor ganz so, wie ich Ihnen eben sagte: The emotion of sex-love.... does not make its appearance for the first time at the period of adolescence, as has been thought. Er hat, wie wir in Europa sagen würden, im amerikanischen Stil gearbeitet, nicht weniger als 2500 positive Beobachtungen im Laufe von 15 Jahren gesammelt, darunter 800 eigene. Von den Zeichen, durch die sich diese Verliebtheiten kundgeben, äußert er: The unprejudiced mind in observing these manifestations in hundreds of couples of children cannot escape referring them to sex origin. The most exacting mind is satisfied when to these observations are added the confessions of those who have as children, experienced the emotion to a marked degree of intensity, and whose memories of childhood are relatively distinct. Am meisten aber werden diejenigen von Ihnen, die an die infantile Sexualität nicht glauben wollten, überrascht sein zu hören, daß unter diesen früh verliebten Kindern nicht wenige sich im zarten Alter von drei, vier und fünf Jahren befinden.

Ich würde mich nicht wundern, wenn Sie diesen Beobachtungen eines engsten Landsmannes eher Glauben schenken würden als den meinigen. Mir selbst ist es vor kurzem geglückt, aus der Analyse eines fünfjährigen, an Angst leidenden Knaben, die dessen eigener Vater kunstgerecht mit ihm vorgenommen,[1]) ein ziemlich vollständiges Bild der somatischen Triebäußerungen und der seelischen Produktionen auf einer frühen Stufe des kindlichen Liebeslebens zu gewinnen. Und ich darf Sie daran erinnern, daß mein Freund Dr. C. G. Jung Ihnen in diesem Saale vor wenigen Stunden die Beobachtung eines noch jüngeren Mädchens vorlas, welches aus dem gleichen Anlaß wie mein Patient — bei der Geburt eines Geschwisterchens — fast die nämlichen sinnlichen Regungen, Wunsch- und Komplexbildungen, mit Sicherheit erraten ließ. Ich verzweifle also nicht daran, daß Sie sich mit der anfänglich befremdlichen Idee der infantilen Sexualität befreunden werden, und möchte Ihnen noch das rühmliche Beispiel des Züricher Psychiaters E. Bleuler vorhalten, der noch vor wenigen Jahren öffentlich äußerte, „er stehe meinen sexuellen Theorien ohne Verständnis gegenüber", und seither die infantile Sexualität in ihrem vollen Umfang durch eigene Beobachtungen bestätigt hat.[2])

Wenn die meisten Menschen, ärztliche Beobachter oder andere, vom Sexualleben des Kindes nichts wissen wollen, so ist dies nur zu leicht erklärlich. Sie haben ihre eigene infan-

---

[1]) Analyse der Phobie eines fünfjährigen Knaben. Jahrbuch für psychoanalyt. und psychopathologische Forschungen. Bd. I, 1. Hälfte, 1909. (Sammlung kl. Schriften zur Neurosenlehre, dritte Folge, 2. Auflage, 1921.)

[2]) Bleuler, Sexuelle Abnormitäten der Kinder. Jahrbuch der schweiz. Gesellschaft für Schulgesundheitspflege, IX, 1908.

tile Sexualbetätigung unter dem Drucke der Erziehung zur Kultur vergessen und wollen nun an das Verdrängte nicht erinnert werden. Sie würden zu anderen Überzeugungen gelangen, wenn sie die Untersuchung mit einer Selbstanalyse, einer Revision und Deutung ihrer Kindheitserinnerungen beginnen würden.

Lassen Sie die Zweifel fallen und gehen Sie mit mir an eine Würdigung der infantilen Sexualität von den frühesten Jahren an.[1]) Der Sexualtrieb des Kindes erweist sich als hoch zusammengesetzt, er läßt eine Zerlegung in viele Komponenten zu, die aus verschiedenen Quellen stammen. Er ist vor allem noch unabhängig von der Funktion der Fortpflanzung, in deren Dienst er sich später stellen wird. Er dient der Gewinnung verschiedener Arten von Lustempfindung, die wir nach Analogien und Zusammenhängen als Sexuallust zusammenfassen. Die Hauptquelle der infantilen Sexuallust ist die geeignete Erregung bestimmter, besonders reizbarer Körperstellen, außer den Genitalien, der Mund-, After- und Harnröhrenöffnung, aber auch der Haut und anderer Sinnesoberflächen. Da in dieser ersten Phase des kindlichen Sexuallebens die Befriedigung am eigenen Körper gefunden und von einem fremden Objekt abgesehen wird, heißen wir die Phase nach einem von Havelock Ellis geprägten Wort die des Autoerotismus. Jene für die Gewinnung von sexueller Lust bedeutsamen Stellen nennen wir erogene Zonen. Das Ludeln oder Wonnesaugen der kleinsten Kinder ist ein gutes Beispiel einer solchen autoerotischen Befriedigung von einer erogenen Zone aus; der erste wissenschaftliche Beobachter dieses Phänomens, ein Kinderarzt Namens Lindner in Budapest, hat es bereits richtig als Sexualbefrie-

[1]) Drei Abhandlungen zur Sexualtheorie. Wien, Fr. Deuticke, 1905 6. Auflage, 1926.

digung gedeutet und dessen Übergang in andere und höhere Formen der Sexualbetätigung erschöpfend beschrieben.[1]) Eine andere Sexualbefriedigung dieser Lebenszeit ist die masturbatorische Erregung der Genitalien, die eine so große Bedeutung für das spätere Leben behält und von vielen Individuen überhaupt nie völlig überwunden wird. Neben diesen und anderen autoerotischen Betätigungen äußern sich sehr frühzeitig beim Kinde jene Triebkomponenten der Sexuallust oder, wie wir gern sagen, der Libido, die eine fremde Person als Objekt zur Voraussetzung nehmen. Diese Triebe treten in Gegensatzpaaren auf, als aktive und passive; ich nenne Ihnen als die wichtigsten Vertreter dieser Gruppe die Lust, Schmerzen zu bereiten (Sadismus), mit ihrem passiven Gegenspiel (Masochismus), und die aktive und passive Schaulust, von welch ersterer später die Wißbegierde abzweigt, wie von letzterer der Drang zur künstlerischen und schauspielerischen Schaustellung. Andere Sexualbetätigungen des Kindes fallen bereits unter den Gesichtspunkt der Objektwahl, bei welcher eine fremde Person zur Hauptsache wird, die ihre Bedeutung ursprünglich Rücksichten des Selbsterhaltungstriebes verdankt. Der Geschlechtsunterschied spielt aber in dieser kindlichen Periode noch keine ausschlaggebende Rolle; Sie können so jedem Kinde, ohne ihm Unrecht zu tun, ein Stück homosexueller Begabung zusprechen.

Dies zerfahrene, reichhaltige, aber dissoziierte Sexualleben des Kindes, in welchem der einzelne Trieb unabhängig von jedem anderen dem Lusterwerbe nachgeht, erfährt nun eine Zusammenfassung und Organisation nach zwei Hauptrichtungen, so daß mit Abschluß der Pubertätszeit der definitive Sexualcharakter des Individuums meist fertig ausgebildet ist. Einerseits unterordnen sich die einzelnen Triebe der Oberherrschaft der Genital-

[1]) Jahrbuch für Kinderheilkunde, 1879

zone wodurch das ganze Sexualleben in den Dienst der Fortpflanzung tritt, und die Befriedigung ersterer nur noch als Vorbereitung und Begünstigung des eigentlichen Sexualaktes von Bedeutung bleibt. Anderseits drängt die Objektwahl den Autoerotismus zurück, so daß nun im Liebesleben alle Komponenten des Sexualtriebes an der geliebten Person befriedigt werden wollen. Aber nicht alle ursprünglichen Triebkomponenten werden zu einem Anteil an dieser endgültigen Feststellung des Sexuallebens zugelassen. Noch vor der Pubertätszeit sind unter dem Einfluß der Erziehung äußerst energische Verdrängungen gewisser Triebe durchgesetzt und seelische Mächte, wie Scham, Ekel, Moral, hergestellt worden, welche diese Verdrängungen wie Wächter unterhalten. Kommt dann im Pubertätsalter die Hochflut der sexuellen Bedürftigkeit, so findet sie an den genannten seelischen Reaktions- oder Widerstandsbildungen Dämme, welche ihr den Ablauf in die sogenannten normalen Wege vorschreiben und es ihr unmöglich machen, die der Verdrängung unterlegenen Triebe neu zu beleben. Es sind besonders die koprophilen, d. h. die mit den Exkrementen zusammenhängenden Lustregungen der Kindheit, welche von der Verdrängung am gründlichsten betroffen werden, und ferner die Fixierung an die Personen der primitiven Objektwahl.

Meine Herren! Ein Satz der allgemeinen Pathologie sagt aus, daß jeder Entwicklungsvorgang die Keime der pathologischen Disposition mit sich bringt, insofern er gehemmt, verzögert werden oder unvollkommen ablaufen kann. Dasselbe gilt für die so komplizierte Entwicklung der Sexualfunktion. Sie wird nicht bei allen Individuen glatt durchgemacht und hinterläßt dann entweder Abnormitäten oder Dispositionen zu späterer Erkrankung auf dem Wege der Rückbildung (Regression). Es kann geschehen, daß nicht alle Partialtriebe sich der

Herrschaft der Genitalzone unterwerfen; ein solcher unabhängig gebliebener Trieb stellt dann das her, was wir eine Perversion nennen, und was das normale Sexualziel durch sein eigenes ersetzen kann. Es kommt, wie bereits erwähnt, sehr häufig vor, daß der Autoerotismus nicht völlig überwunden wird, wovon die mannigfaltigsten Störungen in der Folge Zeugnis ablegen. Die ursprüngliche Gleichwertigkeit beider Geschlechter als Sexualobjekte kann sich erhalten, und daraus wird sich eine Neigung zur homosexuellen Betätigung im reifen Leben ergeben, die sich unter Umständen zur ausschließlichen Homosexualität steigern kann. Diese Reihe von Störungen entspricht den direkten Entwicklungshemmungen der Sexualfunktion; sie umfaßt die Perversionen und den gar nicht seltenen allgemeinen Infantilismus des Sexuallebens.

Die Disposition zu den Neurosen ist auf andere Weise von einer Schädigung der Sexualentwicklung abzuleiten. Die Neurosen verhalten sich zu den Perversionen wie das Negativ zum Positiv; in ihnen sind dieselben Triebkomponenten als Träger der Komplexe und Symptombildner nachweisbar wie bei den Perversionen, aber sie wirken hier vom Unbewußten her; sie haben also eine Verdrängung erfahren, konnten sich aber derselben zum Trotze im Unbewußten behaupten. Die Psychoanalyse läßt uns erkennen, daß überstarke Äußerung dieser Triebe in sehr frühen Zeiten zu einer Art von partieller Fixierung führt, die nun einen schwachen Punkt im Gefüge der Sexualfunktion darstellt. Stößt die Ausübung der normalen Sexualfunktion im reifen Leben auf Hindernisse, so wird die Verdrängung der Entwicklungszeit gerade an jenen Stellen durchbrochen, wo die infantilen Fixierungen stattgefunden haben.

Sie werden jetzt vielleicht den Einwand machen: Aber das ist ja alles nicht Sexualität. Ich gebrauchte das Wort in einem viel weiteren Sinne, als Sie gewohnt sind, es zu verstehen. Das gebe ich Ihnen gern zu. Aber es fragt sich, ob nicht vielmehr Sie das Wort in viel zu engem Sinne gebrauchen, wenn Sie es auf das Gebiet der Fortpflanzung einschränken. Sie opfern dabei das Verständnis der Perversionen, den Zusammenhang zwischen Perversion, Neurose und normalem Sexualleben, und setzen sich außer stande, die leicht zu beobachtenden Anfänge des somatischen und seelischen Liebeslebens der Kinder nach ihrer wahren Bedeutung zu erkennen. Wie immer Sie aber über den Wortgebrauch entscheiden wollen, halten Sie daran fest, daß der Psychoanalytiker die Sexualität in jenem vollen Sinne erfaßt, zu dem man durch die Würdigung der infantilen Sexualität geleitet wird.

Kehren wir nun nochmals zur Sexualentwicklung des Kindes zurück. Wir haben hier manches nachzuholen, weil wir unsere Aufmerksamkeit mehr den somatischen als den seelischen Äußerungen des Sexuallebens geschenkt haben. Die primitive Objektwahl des Kindes, die sich von seiner Hilfsbedürftigkeit ableitet, fordert unser weiteres Interesse heraus. Sie wendet sich zunächst allen Pflegepersonen zu, die aber bald hinter den Eltern zurücktreten. Die Beziehung der Kinder zu ihren Eltern ist, wie direkte Beobachtung des Kindes und spätere analytische Erforschung des Erwachsenen übereinstimmend dartun, keineswegs frei von Elementen sexueller Miterregung. Das Kind nimmt beide Elternteile und einen Teil besonders zum Objekt seiner erotischen Wünsche. Gewöhnlich folgt es dabei selbst einer Anregung der Eltern, deren Zärtlichkeit die deutlichsten Charaktere einer, wenn auch in ihren Zielen gehemmten, Sexualbetätigung hat. Der Vater bevorzugt in der Regel die Tochter, die Mutter den Sohn; das Kind reagiert hierauf, indem es sich als Sohn an die Stelle des Vaters, als Tochter an die Stelle der

Mutter wünscht. Die Gefühle, die in diesen Beziehungen zwischen Eltern und Kindern und in den daran angelehnten zwischen den Geschwistern untereinander geweckt werden, sind nicht nur positiver, zärtlicher, sondern auch negativer, feindseliger Art. Der so gebildete Komplex ist zur baldigen Verdrängung bestimmt, aber er übt noch vom Unbewußten her eine großartige und nachhaltige Wirkung aus. Wir dürfen die Vermutung aussprechen, daß er mit seinen Ausläufern den Kernkomplex einer jeden Neurose darstellt, und wir sind darauf gefaßt, ihn auf anderen Gebieten des Seelenlebens nicht minder wirksam anzutreffen. Der Mythus vom König Ödipus, der seinen Vater tötet und seine Mutter zum Weib gewinnt, ist eine noch wenig abgeänderte Offenbarung des infantilen Wunsches, dem sich späterhin die Inzestschranke abweisend entgegenstellt. Die Hamlet-Dichtung Shakespeares ruht auf demselben Boden des besser verhüllten Inzestkomplexes.

Um die Zeit, da das Kind von dem noch unverdrängten Kernkomplex beherrscht wird, setzt ein bedeutungsvolles Stück seiner intellektuellen Betätigung im Dienste der Sexualinteressen ein. Es beginnt zu forschen, woher die Kinder kommen, und errät in Verwertung der ihm gebotenen Anzeichen mehr von den wirklichen Verhältnissen, als die Erwachsenen ahnen können. Gewöhnlich hat die materielle Bedrohung durch ein neu angekommenes Kind, in dem es zunächst nur den Konkurrenten erblickt, sein Forscherinteresse geweckt. Unter dem Einfluß der in ihm selbst tätigen Partialtriebe gelangt es zu einer Anzahl von „infantilen Sexualtheorien“, wie daß es beiden Geschlechtern das gleiche männliche Genitale zuspricht, daß es die Kinder durch Essen empfangen und durch das Ende des Darmes geboren werden läßt, und daß es den Verkehr der Geschlechter als einen feindseligen Akt, eine Art von Überwältigung erfaßt. Aber gerade die Unfertigkeit seiner sexuellen Konstitution und die Lücke in seinen Kenntnissen, die durch die Latenz des weiblichen Geschlechtskanals gegeben ist, nötigt den infantilen Forscher, seine Arbeit als erfolglos einzustellen. Die Tatsache dieser Kinderforschung selbst, sowie die einzelnen durch sie zu Tage geförderten infantilen Sexualtheorien bleiben von bestimmender Bedeutung für die Charakterbildung des Kindes und den Inhalt seiner späteren neurotischen Erkrankung.

Es ist unvermeidlich und durchaus normal, daß das Kind die Eltern zu Objekten seiner ersten Liebeswahl mache. Aber seine Libido soll nicht an diese ersten Objekte fixiert bleiben, sondern sie späterhin bloß zum Vorbild nehmen und von ihnen zur Zeit der definitiven Objektwahl auf fremde Personen hinübergleiten. Die Ablösung des Kindes von den Eltern wird so zu einer unentrinnbaren Aufgabe, wenn die soziale Tüchtigkeit des jungen Individuums nicht gefährdet werden soll. Während der Zeit, da die Verdrängung die Auslese unter den Partialtrieben der Sexualität trifft, und später, wenn der Einfluß der Eltern gelockert werden soll, der den Aufwand für diese Verdrängungen im wesentlichen bestritten hat, fallen der Erziehungsarbeit große Aufgaben zu, die gegenwärtig gewiß nicht immer in verständnisvoller und einwandfreier Weise erledigt werden.

Meine Damen und Herren! Urteilen Sie nicht etwa, daß wir uns mit diesen Erörterungen über das Sexualleben und die psychosexuelle Entwicklung des Kindes allzuweit von der Psychoanalyse und von der Aufgabe der Beseitigung nervöser Störungen entfernt haben. Wenn Sie wollen, können Sie die psychoanalytische Behandlung nur als eine fortgesetzte Erziehung zur Überwindung von Kindheitsresten beschreiben.

V

Meine Damen und Herren! Mit der Aufdeckung der infantilen Sexualität und der Zurückführung der neurotischen Symptome auf erotische Triebkomponenten sind wir zu einigen unerwarteten Formeln über das Wesen und die Tendenzen der neurotischen Erkrankungen gelangt. Wir sehen, daß die Menschen erkranken, wenn ihnen infolge äußerer Hindernisse oder inneren Mangels an Anpassung die Befriedigung ihrer erotischen Bedürfnisse in der Realität versagt ist. Wir sehen, daß sie sich dann in die Krankheit flüchten, um mit ihrer Hilfe eine Ersatzbefriedigung für das Versagte zu finden. Wir erkennen, daß die krankhaften Symptome ein Stück der Sexualbetätigung der Person oder deren ganzes Sexualleben enthalten, und finden in der Fernhaltung von der Realität die Haupttendenz, aber auch den Hauptschaden des Krankseins. Wir ahnen, daß der Widerstand unserer Kranken gegen die Herstellung kein einfacher, sondern aus mehreren Motiven zusammengesetzt ist. Es sträubt sich nicht nur das Ich des Kranken dagegen, die Verdrängungen aufzugeben, durch welche es sich aus den ursprünglichen Anlagen herausgehoben hat, sondern auch die Sexualtriebe mögen nicht auf ihre Ersatzbefriedigung verzichten, solange es unsicher ist, ob ihnen die Realität etwas Besseres bieten wird.

Die Flucht aus der unbefriedigenden Wirklichkeit in das, was wir wegen seiner biologischen Schädlichkeit Krankheit nennen, was aber niemals ohne einen unmittelbaren Lustgewinn für den Kranken ist, vollzieht sich auf dem Wege der Rückbildung (Regression), der Rückkehr zu früheren Phasen des Sexuallebens, denen seinerzeit die Befriedigung nicht abgegangen ist. Diese Regression ist anscheinend eine zweifache, eine zeitliche, insofern die Libido, das erotische Bedürfnis, auf zeitlich frühere Entwicklungsstufen zurückgreift, und eine formale, indem zur Äußerung dieses Bedürfnisses die ursprünglichen und primitiven psychischen Ausdrucksmittel verwendet werden. Beide Arten der Regression zielen aber auf die Kindheit und treffen zusammen in der Herstellung eines infantilen Zustands des Sexuallebens.

Je tiefer Sie in die Pathogenese der nervösen Erkrankung eindringen, desto mehr wird sich Ihnen der Zusammenhang der Neurosen mit anderen Produktionen des menschlichen Seelenlebens, auch mit den wertvollsten derselben, enthüllen. Sie werden daran gemahnt, daß wir Menschen mit den hohen Ansprüchen unserer Kultur und unter dem Drucke unserer inneren Verdrängungen, die Wirklichkeit ganz allgemein unbefriedigend finden und darum ein Phantasieleben unterhalten, in welchem wir durch Produktionen von Wunscherfüllungen die Mängel der Realität auszugleichen lieben. In diesen Phantasien ist sehr vieles von dem eigentlichen konstitutionellen Wesen der Persönlichkeit und auch von ihren für die Wirklichkeit verdrängten Regungen enthalten. Der energische und erfolgreiche Mensch ist der, dem es gelingt, durch Arbeit seine Wunschphantasien in Realität umzusetzen. Wo dies nicht gelingt infolge der Widerstände der Außenwelt und der Schwäche des Individuums, da tritt die Abwendung von der Realität ein, das Individuum zieht sich in seine befriedigendere Phantasiewelt zurück, deren Inhalt es im Falle der Erkrankung in Symptome umsetzt. Unter gewissen günstigen Bedingungen bleibt es ihm noch möglich, von diesen Phantasien aus einen anderen Weg in die Realität zu finden, anstatt sich ihr durch Regression ins Infantile dauernd zu entfremden. Wenn die mit der Realität verfeindete Person im Besitze der uns psychologisch noch rätselhaften künstlerischen Begabung ist, kann sie ihre Phantasien anstatt in Symptome in künstlerische Schöpfungen umsetzen, so dem Schicksal der Neurose entgehen und die Beziehung zur Realität auf diesem Umwege wiedergewinnen.[1]) Wo bei bestehender Auflehnung gegen die reale Welt diese kostbare Begabung fehlt oder unzulänglich ist, da wird es wohl unvermeidlich, daß die Libido, der Herkunft der Phantasie folgend, auf dem Wege der Regression zur Wiederbelebung der infantilen Wünsche und somit zur Neurose gelangt. Die Neurose vertritt in unserer Zeit das Kloster, in welches sich alle die Personen zurückzuziehen pflegten, die das Leben enttäuscht hatte, oder die sich für das Leben zu schwach fühlten.

Lassen Sie mich an dieser Stelle das Hauptergebnis einfügen, zu welchem wir durch die psychoanalytische Untersuchung der Nervösen gelangt sind, daß die Neurosen keinen ihnen eigentümlichen psychischen Inhalt haben, der nicht auch beim Gesunden zu finden wäre, oder wie C. G. Jung es ausgedrückt hat, daß sie an denselben Komplexen erkranken, mit denen auch wir Gesunde kämpfen. Es hängt von quantitativen Verhältnissen, von den Relationen der miteinander ringenden Kräfte ab, ob der Kampf zur Gesundheit, zur Neurose oder zur kompensierenden Überleistung führt.

Meine Damen und Herren! Ich habe Ihnen die wichtigste Erfahrung noch vorenthalten, welche unsere Annahme von den sexuellen Triebkräften der Neurose bestätigt. Jedesmal wenn

[1]) Vgl. O. Rank. Der Künstler. Wien 1907, 2. Auflage, 1918.

wir einen Nervösen psychoanalytisch behandeln, tritt bei ihm das befremdende Phänomen der sogenannten Übertragung auf, d. h. er wendet dem Arzte ein Ausmaß von zärtlichen, oft genug mit Feindseligkeit vermengten Regungen zu, welches in keiner realen Beziehung begründet ist und nach allen Einzelheiten seines Auftretens von den alten und unbewußt gewordenen Phantasiewünschen des Kranken abgeleitet werden muß. Jenes Stück seines Gefühlslebens, das er sich nicht mehr in die Erinnerung zurückrufen kann, erlebt der Kranke also in seinem Verhältnisse zum Arzte wieder, und erst durch solches Wiedererleben in der „Übertragung" wird er von der Existenz wie von der Macht dieser unbewußten sexuellen Regungen überzeugt. Die Symptome, welche, um ein Gleichnis aus der Chemie zu gebrauchen, die Niederschläge von früheren Liebeserlebnissen (im weitesten Sinne) sind, können auch nur in der erhöhten Temperatur des Übertragungserlebnisses gelöst und in andere psychische Produkte übergeführt werden. Der Arzt spielt bei dieser Reaktion nach einem vortrefflichen Worte von S. Ferenczi[1]) die Rolle eines katalytischen Ferments, das die bei dem Prozesse frei werdenden Affekte zeitweilig an sich reißt. Das Studium der Übertragung kann Ihnen auch den Schlüssel zum Verständnis der hypnotischen Suggestion geben, deren wir uns anfänglich als technisches Mittel zur Erforschung des Unbewußten bei unseren Kranken bedient hatten. Die Hypnose erwies sich damals als eine therapeutische Hilfe, aber als ein Hindernis der wissenschaftlichen Erkenntnis des Sachverhaltes, indem sie die psychischen Widerstände aus einem gewissen Gebiete wegräumte, um sie an den Grenzen desselben zu einem unübersteigbaren Wall aufzutürmen. Glauben Sie übrigens nicht,

---

[1]) S. Ferenczi, Introjektion und Übertragung. Jahrb. f. psychoanal. u. psychopath. Forschungen, I. 2. 1909.

daß das Phänomen der Übertragung, über das ich Ihnen leider hier nur zu wenig sagen kann, durch die psychoanalytische Beeinflussung geschaffen wird. Die Übertragung stellt sich in allen menschlichen Beziehungen ebenso wie im Verhältnis des Kranken zum Arzte spontan her, sie ist überall der eigentliche Träger der therapeutischen Beeinflussung, und sie wirkt um so stärker, je weniger man ihr Vorhandensein ahnt. Die Psychoanalyse schafft sie also nicht, sie deckt sie bloß dem Bewußtsein auf, und bemächtigt sich ihrer, um die psychischen Vorgänge nach dem erwünschten Ziele zu lenken. Ich kann aber das Thema der Übertragung nicht verlassen ohne hervorzuheben, daß dieses Phänomen nicht nur für die Überzeugung des Kranken, sondern auch für die des Arztes entscheidend in Betracht kommt. Ich weiß, daß alle meine Anhänger erst durch ihre Erfahrungen mit der Übertragung von der Richtigkeit meiner Behauptungen über die Pathogenese der Neurosen überzeugt worden sind, und kann sehr wohl begreifen, daß man eine solche Sicherheit des Urteils nicht gewinnt, solange man selbst keine Psychoanalysen gemacht, also nicht selbst die Wirkungen der Übertragung beobachtet hat.

Meine Damen und Herren! Ich meine, es sind von der Seite des Intellekts besonders zwei Hindernisse gegen die Anerkennung der psychoanalytischen Gedankengänge zu würdigen: Erstens die Ungewohntheit, mit der strengen und ausnahmslos geltenden Determinierung des seelischen Lebens zu rechnen, und zweitens die Unkenntnis der Eigentümlichkeiten, durch welche sich unbewußte seelische Vorgänge von den uns vertrauten bewußten unterscheiden. Einer der verbreitetsten Widerstände gegen die psychoanalytische Arbeit — bei Kranken wie bei Gesunden — führt sich auf das letztere der beiden Momente zurück. Man fürchtet, durch die Psychoanalyse zu schaden, man hat Angst davor, die verdrängten sexuellen Triebe ins

Bewußtsein des Kranken zu rufen, als ob damit die Gefahr verbunden wäre, daß sie dann die höheren ethischen Strebungen bei ihm überwältigen und ihn seiner kulturellen Errungenschaften berauben könnten. Man merkt, daß der Kranke wunde Stellen in seinem Seelenleben hat, aber man scheut sich dieselben zu berühren, damit sein Leiden nicht noch gesteigert werde. Wir können diese Analogie annehmen. Es ist freilich schonender, kranke Stellen nicht zu berühren, wenn man dadurch nichts anderes als Schmerz zu bereiten weiß. Aber der Chirurg läßt sich bekanntlich von der Untersuchung und Hantierung am Krankheitsherd nicht abhalten, wenn er einen Eingriff beabsichtigt, welcher dauernde Heilung bringen soll. Niemand denkt mehr daran, ihm die unvermeidlichen Beschwerden der Untersuchung oder die Reaktionserscheinungen der Operation zur Last zu legen, wenn diese nur ihre Absicht erreicht, und der Kranke durch die zeitweilige Verschlimmerung seines Zustandes eine endgültige Hebung desselben erwirbt. Ähnlich liegen die Verhältnisse für die Psychoanalyse; sie darf dieselben Ansprüche erheben wie die Chirurgie; der Zuwachs an Beschwerden, den sie dem Kranken während der Behandlung zumutet, ist bei guter Technik ungleich geringer, als was der Chirurg ihm auferlegt, und überhaupt gegen die Schwere des Grundleidens zu vernachlässigen. Der gefürchtete Endausgang aber einer Zerstörung des kulturellen Charakters durch die von der Verdrängung befreiten Triebe ist ganz unmöglich, denn diese Ängstlichkeit zieht nicht in Betracht, was uns unsere Erfahrungen mit Sicherheit gelehrt haben, daß die seelische und somatische Macht einer Wunschregung, wenn deren Verdrängung einmal mißlungen ist, ungleich stärker ausfällt, wenn sie unbewußt, als wenn sie bewußt ist, so daß sie durch das Bewußtmachen nur geschwächt werden kann. Der unbewußte Wunsch ist nicht zu beeinflussen, von allen Gegenstrebungen unabhängig, während der bewußte durch alles gleichfalls Bewußte und ihm Widerstrebende gehemmt wird. Die psychoanalytische Arbeit stellt sich also als ein besserer Ersatz für die erfolglose Verdrängung geradezu in den Dienst der höchsten und wertvollsten kulturellen Strebungen.

Welche sind überhaupt die Schicksale der durch die Psychoanalyse freigelegten unbewußten Wünsche, auf welchen Wegen verstehen wir es, sie für das Leben des Individuums unschädlich zu machen? Dieser Wege sind mehrere. Am häufigsten ist der Erfolg, daß dieselben schon während der Arbeit durch die korrekte seelische Tätigkeit der ihnen entgegenstehenden besseren Regungen aufgezehrt werden. Die Verdrängung wird durch eine mit den besten Mitteln durchgeführte Verurteilung ersetzt. Dies ist möglich, weil wir zum großen Teil nur Folgen aus früheren Entwicklungsstadien des Ichs zu beseitigen haben. Das Individuum brachte seinerzeit nur eine Verdrängung des unbrauchbaren Triebes zu stande, weil es damals selbst noch unvollkommen organisiert und schwächlich war; in seiner heutigen Reife und Stärke kann es vielleicht das ihm Feindliche tadellos beherrschen. Ein zweiter Ausgang der psychoanalytischen Arbeit ist der, daß die aufgedeckten unbewußten Triebe nun jener zweckmäßigen Verwendung zugeführt werden können, die sie bei ungestörter Entwicklung schon früher hätten finden sollen. Die Ausrottung der infantilen Wunschregungen ist nämlich keineswegs das ideale Ziel der Entwicklung. Der Neurotiker hat durch seine Verdrängungen viele Quellen seelischer Energie eingebüßt, deren Zuflüsse für seine Charakterbildung und Betätigung im Leben sehr wertvoll gewesen wären. Wir kennen einen weit zweckmäßigeren Vorgang der Entwicklung, die sogenannte Sublimierung, durch welchen die Energie infantiler Wunschregungen nicht abgesperrt wird, sondern verwertbar bleibt, indem den einzelnen Regungen statt des unbrauchbaren ein höheres, eventuell nicht mehr sexuelles Ziel gesetzt wird. Gerade die Komponenten des Sexualtriebes sind durch solche Fähigkeit zur Sublimierung, zur Vertauschung ihres Sexualzieles mit einem entlegeneren und sozial wertvolleren, besonders ausgezeichnet. Den auf solche Weise gewonnenen Energiebeiträgen zu unseren seelischen Leistungen verdanken wir wahrscheinlich die höchsten kulturellen Erfolge. Eine frühzeitig vorgefallene Verdrängung schließt die Sublimierung des verdrängten Triebes aus; nach Aufhebung der Verdrängung ist der Weg zur Sublimierung wieder frei.

Wir dürfen es nicht versäumen, auch den dritten der möglichen Ausgänge der psychoanalytischen Arbeit ins Auge zu fassen. Ein gewisser Anteil der verdrängten libidinösen Regungen hat ein Anrecht auf direkte Befriedigung und soll sie im Leben finden. Unsere Kulturansprüche machen für die meisten der menschlichen Organisationen das Leben zu schwer, fördern dadurch die Abwendung von der Realität und die Entstehung der Neurosen, ohne einen Überschuß von kulturellem Gewinn durch dies Übermaß von Sexualverdrängung zu erzielen. Wir sollten uns nicht so weit überheben, daß wir das ursprünglich Animalische unserer Natur völlig vernachlässigen, dürfen auch nicht daran vergessen, daß die Glücksbefriedigung des einzelnen nicht aus den Zielen unserer Kultur gestrichen werden kann. Die Plastizität der Sexualkomponenten, die sich in ihrer Fähigkeit zur Sublimierung kundgibt, mag ja eine große Versuchung herstellen, durch deren immer weiter gehende Sublimierung größere Kultureffekte zu erzielen. Aber so wenig wir darauf rechnen, bei unseren Maschinen mehr als einen gewissen Bruchteil der aufgewendeten Wärme in nutzbare mechanische

Arbeit zu verwandeln, so wenig sollten wir es anstreben, den Sexualtrieb in seinem ganzen Energieausmaß seinen eigentlichen Zwecken zu entfremden. Es kann nicht gelingen, und wenn die Einschränkung der Sexualität zu weit getrieben werden soll, muß es alle Schädigungen eines Raubbaues mit sich bringen.

Ich weiß nicht, ob Sie nicht Ihrerseits die Mahnung, mit welcher ich schließe, als eine Überhebung auffassen werden. Ich getraue mich nur der indirekten Darstellung meiner Überzeugung, indem ich Ihnen einen alten Schwank erzähle, von dem Sie die Nutzanwendung machen sollen. Die deutsche Literatur kennt ein Städtchen Schilda, dessen Einwohnern alle möglichen klugen Streiche nachgesagt werden. Die Schildbürger, so wird erzählt, besaßen auch ein Pferd, mit dessen Kraftleistungen sie sehr zufrieden waren, an dem sie nur eines auszusetzen hatten, daß es soviel teuern Hafer verzehrte. Sie beschlossen, ihm diese Unart schonend abzugewöhnen, indem sie seine Ration täglich um mehrere Halme verringerten, bis sie es an die völlige Enthaltsamkeit gewöhnt hätten. Es ging eine Weile vortrefflich, das Pferd war bis auf einen Halm im Tag entwöhnt, am nächsten Tage sollte es endlich haferfrei arbeiten. Am Morgen dieses Tages wurde das tückische Tier tot aufgefunden; die Bürger von Schilda konnten sich nicht erklären, woran es gestorben war.

Wir werden geneigt sein zu glauben, das Pferd sei verhungert, und ohne eine gewisse Ration Hafer sei von einem Tier überhaupt keine Arbeitsleistung zu erwarten.

Ich danke Ihnen für die Berufung und für die Aufmerksamkeit, die Sie mir geschenkt haben.

Jung, Dr. C. G., **Wandlungen und Symbole der Libido.** Beiträge zur Entwicklungsgeschichte des Denkens. Zweite Auflage. 1925. Preis brosch. M 12.—, geb. M 14.60.

Kaplan Leo, **Psychoanalytische Probleme.** 1916. Preis M 5.—.

Kaplan, Leo, **Hypnotismus, Animismus und Psychoanalyse.** Historisch-kritische Versuche. 1917. Preis M 7.50.

Kronfeld, Dr. A., **Sexualpsychopathologie.** (Handbuch der Psychiatrie, Spezieller Teil. 7. Abteilung, 3. Teil.) 1923. Preis brosch. M 3.80, geb. M 6.—.

Neutra, Dr. W., **Morphinismus und Erotismus.** Lustenergetisch fundierte Suggestions- und Hypnosetherapie pathologischer Leidenschaften. 1923. Preis M 5.—.

Rank, Dr. Otto, **Das Inzest-Motiv in Dichtung und Sage.** Grundzüge einer Psychologie des dichterischen Schaffens. Zweite, wesentlich vermehrte und verbesserte Auflage (mit ausführlichem Register). 1926. Preis brosch. M 30.—, geb. M 33.—.

Rank, Dr. Otto, **Grundzüge einer genetischen Psychologie.** Auf Grund der Psychoanalyse der Ichstruktur.
I. Teil. 1927. Preis M 8.—.
II. Teil. 1928. Preis M 5.—.

Rank, Dr. Otto, **Technik der Psychoanalyse.**
I. Teil. Die analytische Situation. 1926. Preis brosch. M 7.—, geb. M 9.—.
II. Teil. Die analytische Reaktion in ihren konstruktiven Elementen. 1929. Preis brosch. M 7.—, geb. M 9.—.

Rank, Dr. Otto, **Wahrheit und Wirklichkeit.** Entwurf einer Philosophie des Seelischen. 1929. Preis brosch. M 7.—, geb. M 9.—.

Sadger, Dr. J., **Die Lehre von den Geschlechtsverirrungen (Psychopathia sexualis)** auf psychoanalytischer Grundlage. 1921. Preis brosch. M 6.60, geb. M 8.80.

Schneider, Prof. Dr. Kurt, **Die psychopathischen Persönlichkeiten.** Zweite Auflage. 1928. Preis brosch. M 5.—, geb. M 7.50.

Schneider, Dozent Dr. Karl Camillo, **Vitalismus.** Elementare Lebensfunktionen. Mit 40 Abbildungen. 1903. Preis M 11.—.

Schneider, Dozent Dr. Karl Camillo, **Wesen und Ursprung des Menschen.** Mit 16 Figuren. 1908. Preis M 3.60.

Schriften zur angewandten Seelenkunde. Herausgegeben von Prof. Dr. Sigm. Freud in Wien.

I. Heft. **Der Wahn und die Träume in W. Jensens „Gradiva“.** Von Prof. Dr. Sigm. Freud in Wien. Dritte Auflage. 1924. Preis M 2.50.

II. Heft. **Wunscherfüllung und Symbolik im Märchen.** Eine Studie von Dr. Franz Riklin in Rheinau (Schweiz). 1908. Vergriffen.

III. Heft. **Inhalt der Psychose.** Von Dr. C. G. Jung in Zürich. Zweite Auflage. Vergriffen. Die dritte Auflage ist außerhalb des Rahmens der »Schriften zur angewandten Seelenkunde« erschienen. 1914. Preis M 1.50.

IV. Heft. **Traum und Mythus.** Eine Studie zur Völkerpsychologie. Von Dr. Karl Abraham, Berlin. 1909. Vergriffen.

V. Heft. **Der Mythus von der Geburt des Helden.** Versuch einer psychologischen Mythendeutung. Zweite, wesentlich erweiterte Auflage. Von Dr. Otto Rank. 1922. Preis M 2.50.

VI. Heft. **Aus dem Liebesleben Nikolaus Lenaus.** Von Dr. J. Sadger, Wien. Zweite Auflage. 1925. Preis M 4.—.

VII. Heft. **Eine Kindheitserinnerung des Leonardo da Vinci.** Von Prof. Dr. Sigm. Freud in Wien. Dritte, vermehrte Auflage. 1923. Preis M 2.50.

VIII. Heft. **Die Frömmigkeit des Grafen Ludwig von Zinzendorf.** Von Dr. Oskar Pfister, Zürich. 1925. Preis M 5.—.

IX. Heft. **Richard Wagner im „Fliegenden Holländer".** Ein Beitrag zur Psychologie künstler. Schaffens. Von Dr. Max Graf. 1911. Vergriffen.

X. Heft. **Das Problem des Hamlet und der Ödipus-Komplex.** Von Dr. Ernest Jones in Toronto (Kanada). Übersetzt von Paul Tausig (Wien). 1911. Vergriffen.

XI. Heft. **Giovanni Segantini.** Ein psychoanalitischer Versuch. Von Dr. Karl Abraham, Berlin. Mit zwei Beilagen. Zweite, revidierte und ergänzte Auflage. 1925. Preis M 2.50.

XII. Heft. **Zur Sonderstellung des Vatermordes.** Eine rechtsgeschichtliche und völkerpsychologische Studie. Von Dr. A. J. Storfer in Zürich. 1911. Preis M 1.40.

XIII. Heft **Die Lohengrinsage.** Ein Beitrag zu ihrer Motivgestaltung und Deutung. Von Dr. Otto Rank. 1911. Preis M 4.—.

XIV. Heft. **Der Alptraum in seiner Beziehung zu gewissen Formen des mittelalterlichen Aberglaubens.** Von Prof. Dr. Ernest Jones. Deutsch von Dr. E. H. Sachs. 1912. Preis M 4.—.

XV. Heft. **Aus dem Seelenleben des Kindes.** Eine psychoanalytische Studie. Von Dr. H. Hug-Hellmuth. Zweite Aufl. 1921. Preis M 3.40.

XVI. Heft. **Über Nachtwandeln und Mondsucht.** Eine mediz.-liter. Studie. Von Dr. J. Sadger, Wien. 1914. Preis M 4.—.

XVII. Heft. **Jakob Boehme.** Ein pathogr. Beitrag zur Psychologie der Mystik. Von Dr. A. Kielholz in Königsfelden. 1929. Preis M 1.80.

XVIII. Heft. **Friedrich Hebbel.** Ein psychoanalytischer Versuch. Von Dr. J. Sadger, Wien. 1920. Preis M 5.—.

XIX. Heft. **Schopenhauer und der Animismus.** Eine psychoanalytische Studie. Von Leo Kaplan, Zürich. 1925. Preis M 5.—.

XX. Heft. **Robert Mayer und die Entdeckung des Energiegesetzes.** Von Dr. Heinrich Timerding (Braunschweig). 1925. Preis M 5.—.

Steiner, Dr. Maxim., **Die psychischen Störungen der männlichen Potenz.** Ihre Tragweite und ihre Behandlung. Dritte Auflage. Mit einem Vorwort von Prof. Dr. Sigm. Freud. 1926. Preis M 2.40.

Többen, Prof. Dr. Heinrich, **Neuere Beobachtungen** über die Psychologie der zu lebenslänglicher Zuchthausstrafe verurteilten oder begnadigten Verbrecher. 1927. Preis M 9.—.

Többen, Prof. Dr. Heinrich, **Über den Inzest.** 1925. Preis M 3.—.

Druck von Paul Gerin, Wien, II., Zirkusgasse 13.